북한 한 걸음 다가서기

조용관 · 김병로 지음

예수전도단

이 책을

북한에서 주님의 날이 오기를 간절히 기도하고 있는 믿음의 식구들과

한민족의 복음화와 통일을 위해 평생을 헌신하여 섬기고 있는

존경하는 오대원 목사님(David E. Ross)과 엘렌 사모님(Ellen Ross)께 바칩니다.

추천의 글

북한 사회에 대한 '전 이해'의 필요

　지난 1990년대 중반부터 본격화 된 탈북 사태로 제3국에서 떠도는 탈북자의 수가 수십만에 달한다는 것은 이미 잘 알려진 사실입니다. 이들은 목숨을 걸고 한국행을 감행하고 있으며, 최근 들어서는 중국 주재 각국 공관을 통한 한국으로의 망명도 잇따르고 있습니다. 이를 통해 남한으로 넘어온 탈북자들의 수가 해마다 늘어나고 있는데, 정부의 발표에 따르면 올해 상반기만 해도 벌써 5백 명을 넘어서고 있다고 합니다.

　그러나 이들에 대한 수용 시설은 턱없이 부족한 가운데 있으며, 더욱 큰 문제는 이들이 남한 사회에 정착하는 데 어려움을 겪고 있다는 것입니다. 그도 그럴 것이 50여 년 간 분단되어 서로 다른 체제에서 살아왔기 때문입니다. 탈북자들이 남한 사회에 정착한다는 것은 결코 쉬운 일이 아닌 것입니다.

　이제는 탈북자들의 남한 사회 정착을 위한 보다 철저한 준비가 필요하며, 이를 위해 한국 교회가 적극 나서야 할 때입니다. 왜냐하면 이 일이 북한선교와 통일의 시작이기 때문입니다. 사실 한국교회에서 통일과 북한선교에 대해 많은 논의가 있어 왔고 여러 가지 활동을 펼치고 있습니다만, 남한에 온 탈북자들도 제대로 품지 못하면서 통일이나 북한선교를 논한다는 것은 부끄러운 일이라고 생각합니다. 그러므로 이제는 탈북자들의 남한 사회 정착과 함께 이들과 더불어 살아가는 법을 배우는 일에 초점을 맞춰야 할 때입니다.

저는 이에 대한 시작은 북한 사회의 이해에 있다고 봅니다. '전(前) 이해(理解)'라는 말이 있습니다. 인간 관계에 있어서도 사전에 그 사람에 대한 이해가 있고없고에 따라 많은 차이가 있음을 실감하게 됩니다. 그렇지 않으면 많은 오해와 이로 인한 시행착오가 생기기 때문입니다. 하물며 50여 년 동안 서로 다른 체제에서 살아온 남과 북은 더할 것이라고 봅니다. 그래서 바로 북한 사회에 대한 전 이해가 필요한 것입니다.

다음으로는 이를 바탕으로 한 전략이 세워져야 할 것입니다. 남한 사회 정착을 위한 방안도 마련하고, 나아가 북한선교와 통일이 어떻게 하면 효과적으로 이루어질 수 있을 것인가 하는 전략이 이 토대 위에 계획되고 진행되어야 할 것입니다.

이러한 차제에 오랫동안 북한과 탈북자 그리고 통일 문제에 관심을 가져 온 김병로, 조용관 두 박사님에 의해 「북한 한 걸음 다가서기」라는 책이 발간된 것은 참으로 시기 적절한 일이라 생각됩니다.

이 책이 북한 사회와 주민들에 대한 전 이해를 가져다주고, 바람직한 북한선교 방향을 제시해 주는 좋은 지침서가 되어 한국교회나 국민들로 하여금 구체적인 역할을 감당하도록 해줄 것이라 확신합니다. 발간을 축하드리며 여러분께 기쁘게 추천하는 바입니다.

김장환 목사
극동방송 사장, 세계침례교연맹 총회장

추천의 글

통일 준비의 적절한 길잡이

　남북한이 분단된 지 벌써 반세기가 넘었음에도 불구하고, 통일의 길은 아직 보이지 않고 있습니다. 세상적인 눈으로 보면 통일은 아직 요원한 것 같지만, 하나님의 생각은 우리와 다를 수 있습니다. 역사는 인간의 의지에 의해서가 아니라 하나님의 뜻에 따라 이루어지는 것이기 때문입니다.

　우리의 통일 문제도 우리의 뜻과 관계없이 하나님의 때에 이루어질 것입니다. 우리 믿는 자들의 준비가 부족하기 때문에 통일이 이루어지지 않고 있을 수도 있습니다. 따라서 하나님의 백성인 우리들은 노아가 하나님의 말씀에 순종하여 방주를 만들었던 심정으로 통일을 차근차근 준비해야 할 것입니다.

　통일을 준비한다는 것은 통일을 앞당기기 위한 노력과 아울러 통일 이후 남북한 주민들이 어떻게 더불어 살 것인가를 준비하는 것을 의미합니다. 이를 위해서는 북한 사회와 북한 주민들에 대한 올바른 인식이 전제되어야 합니다.

　이러한 의미에서 김병로, 조용관 두 박사님이 쓴 「북한 한 걸음 다가

서기」는 통일을 준비하는 데 참으로 적절한 길잡이라 생각됩니다. 무엇보다도 두 필자는 하나님을 신실하게 믿는 학자로서 자신이 가지고 있는 지식을 하나님의 나라를 위해 쓰임 받고자 하는 분들입니다. 김병로 박사님은 한때 직장 동료로 같이 근무한 바 있는 보기 드문 북한 전문가시며, 그 분야에 관한 많은 책을 집필했을 뿐 아니라 북한의 복음화에 앞장서서 일하고 있는 신앙인입니다.

또 조용관 박사님은 평소 아끼는 후배로서 늘 믿음으로 살려고 노력하는 하나님의 사람입니다. 특히 오랫동안 아무도 관심을 갖지 않던 탈북자 선교를 몸소 실천해 왔으며, 최근에는 보다 효과적으로 북한선교를 하기 위하여 북한선교연구원(NKMI)을 설립하여 북한선교의 저변화를 위해 많은 노력을 해 오고 있는 분입니다.

오랫동안 통일꾼 머슴으로 공직에 봉사해 온 본인이 사랑하는 두 박사님의 저서를 추천하게 된 것을 매우 기쁘게 생각합니다. 아울러 이 책이 북한을 바로 보고, 하나님의 마음으로 북한선교를 하고자 하는 분들뿐 아니라 일반인들에게도 북한과 탈북자들을 이해하는 좋은 안내서가 될 것으로 믿습니다. 또한 이 책은 날로 급증하고 있는 탈북자들의 남한 정착에 큰 도움을 주고, 북한선교의 방향성을 제시하는 데 크게 기여할 것을 믿어 의심치 않습니다.

아무쪼록 두 분의 앞날에 하나님의 무한한 축복이 있기를 기원하면서, 북한선교와 북한을 알고자 하는 분들께 이 책을 적극 추천합니다.

양영식 장로
전 통일부 차관

추천의 글

21세기 북한선교의 새로운 도전

조용관, 김병로 박사님 두 분은 깊은 학문적 조예와 열정적인 신앙이 잘 조화를 이룬 어디서도 쉽게 볼 수 없는 분들입니다. 또 선교는 열정과 노력뿐만이 아니라 지식과 지혜를 통해서 행해져야 한다는 것을 분명히 알고 있는 분들입니다.

이런 학문과 신앙의 조화를 바탕으로 하여 이번에 두 분이 함께 집필한 「북한 한 걸음 다가서기」는 북한에 있는 하나님의 사람들을 섬김으로써 하나님을 섬기고자 하는 모든 분들에게 특별하고도 필수적인 책이 될 것입니다.

북한 사회에 대한 김 박사님의 설명은 북한 사회의 전체 구조를 이해하고자 하는 사람들에게는 매우 큰 가치가 있습니다. 아울러 두 분은 북한 문제를 다루는 데 있어서 공정했을 뿐 아니라 정직했습니다. 그리고 배우는 자의 자세로 이러한 주제에 접근했습니다. 그러한 겸손은 학문의 중심입니다. 그리고 그리스도로 인해서 북한을 끌어안고 그곳에 있는 사람들에게 사역을 하고자 하는 이들에게 더욱 요구되는 덕목입니다.

또한 북한선교에 있어 이 책이 특별히 도전하고 있는 부분은 탈북자들에 대한 태도입니다. 조 박사님은 북한을 탈출하여 남한으로 들어온 사람들을 끌어안아야 한다고 주장하면서, 그들은 점진적인 통일을 바라는 한반도에 남과 북을 잇는 다리 역할을 할 소중한 존재라고 설명합니다. 이러한 관점은 복음으로 하나 되는 그 날을 위해 남한의 그리스도인들을 부르고 계시는 예수 그리스도의 예언자적인 목소리입니다. 또한 조 박사님은 정부와 재계 인사들에게 탈북자들이 남한 사회에 적응할 수 있는 환경을 마련해서 그들 끌어안으라고 말하고 있습니다.

이 책은 21세기 북한선교에 대한 이해와 자원을 발전시키는 데 있어 주요한 이정표가 될 것입니다. 한반도 위에 하나님의 영의 새로운 역사하심에 참여하고자 하는 사람들이 이 책을 읽고 연구하기 바랍니다.

오대원 목사
안디옥 선교훈련원, 북한선교연구원 원장

추천의 글

복음 전파의 구체적 준비를 위한 책

1989년 베를린 장벽이 무너지던 날, 온 세계는 놀랐습니다. 오랜 세월 동서독의 통일을 갈망하던 사람들, 공산주의 체제에서 자유를 제한받던 사람들은 꿈을 꾸는 것 같았습니다.

이러한 변화는 이미 예고된 것이기도 하였습니다. 왜냐하면 베를린 장벽이 무너지기 2년 전인 1987년에 소련 서기장인 고르바초프는 온 세계를 향하여 공산주의 이데올로기의 조종을 울렸기 때문입니다.

1917년 볼셰비키 혁명은 제정 러시아를 대항하여 공산주의의 시작을 알린 지 70년이 지난 후에 공산주의는 비로소 막을 내렸습니다. 1990년은 공산주의의 종주국이자 공산 진영의 지도자격인 소련의 사망을 알리는 톱뉴스가 전세계를 놀라게 하였습니다.

이러한 엄청난 변화는 한편으로는 기쁨의 시간이지만 다른 편으로는 당혹스러운 시간이었습니다. 특히 서구의 교회들에게는 더욱 그러하였습니다. 왜냐하면 오랜 세월을 공산주의가 무너지기를 기도하며, 핍박받는 지하교회를 위하여 간절히 기도하였지만 이렇게 빨리 그 날이 올 줄은 예상하지 못했기 때문입니다. 막상 공산주의 국가들의 문이 열리며 복음을 받아들일 기회가 되었을 때, 서구의 교회들은 복음을 전할 준비가 충분하지 않았습니다.

복음의 문이 열린 첫 해에는 100%의 복음에 대한 갈망이 있었습니다. 그리고 매해마다 20%씩 감소되었습니다. 그러므로 5년 이내에 복음을 전하지 않으면 복음에 대한 마음의 문이 닫히게 되는 셈입니다.

교회가 오랫동안 공산주의가 붕괴되기를 기도하였지만 복음의 문이 열릴 때를 위한 복음 전파의 실질적인 준비는 부족하였습니다. 그 결과 복음이 들어가는 속도보다 마피아, 각종 이단, 성매매, 매춘이 들어가는 속도가 더욱 빨랐습니다. 오늘날 공산주의가 무너진 동부 유럽은 오히려 더 큰 혼란을 가져오고 있습니다.

우리는 지난 1945년, 해방 후에 서방 국가와 소련 공산주의의 대립으로 한반도가 둘로 나뉘었습니다. 나라가 둘로 나뉜 지 반세기를 훨씬 넘었습니다. 우리의 교회는 통일을 위하여 오랜 세월 기도해 오고 있습니다. 남북의 이산가족의 상봉, 금강산 관광, 남북 교역 등으로 통일이 멀지 않다는 소망이 더욱 커지고 있습니다.

우리는 서구의 교회가 동구의 교회를 위하여 오랜 세월을 기도하였으나 정작 구체적인 준비의 부족으로 복음의 진보가 늦었던 것을 큰 교훈으로 받아들여 그런 일을 되풀이해서는 안 됩니다. 우리는 구체적으로 준비를 해야 합니다. 북한에 복음의 문이 열리고 나서 준비를 한다면 우리는 동구의 아픔을 다시 체험하게 될 것입니다. 복음이 들어가기를 부랴부랴 준비하는 동안에 각종 이단과 해로운 사상, 제도가 들어가 복음의 장애물이 될 수도 있을 것입니다.

우리는 지금부터 구체적으로 북한에 대한 계획을 가져야 합니다. 준비를 해야 합니다. 정부는 정부대로, 교회는 교회대로, 선교 단체는 선교 단체대로, 각 기업들은 그 나름대로 준비를 해야 합니다. 북한 사회의 각 영역에 실질적인 도움이 되어서 남북이 함께 더불어 살아가는 그 날을 위하여 준비를 해야 합니다. 북한의 실질적인 필요를 채워 주는 것은 물론 복음이 전파되도록 구체적으로 준비해야 합니다.

이 책은 이러한 면에서 큰 도움이 될 것입니다. 북한을 이해하는 것, 북한 사회의 구조와 내용, 탈북자들, 북한선교를 위한 우리의 준비 등을 이 책에서 다루게 될 것입니다. 이 책의 저자들은 우리로 북한을 이해하는 데 도움을 주는 전문가들입니다.

바라기는 북한에 복음이 들어가기를 간절히 원하는 그리스도인 모두가 이 책을 통하여 더 구체적인 준비를 하게 되는 것입니다.

그리고,

당신이 바로 그 사람이 되기를 바랍니다.

홍성건 목사
한국 예수전도단 대표

차례

추천의 글

　　북한 사회에 대한 '전 이해'의 필요 … 김장환 목사 / 5
　　통일 준비의 적절한 길잡이 … 양영식 장로 / 7
　　21세기 북한선교의 새로운 도전 … 오대원 목사 / 9
　　복음 전파의 구체적 준비를 위한 책 … 홍성건 목사 / 11
서문 / 16

1부 우리가 생각하는 북한은 지구상에 없다
… 김병로 / 21

1. '한국 : 조선' 그리고 '남조선 : 북한' / 23
2. 지역 자립 체제, 한국전이 남긴 심리적 자폐 증후군 / 30
3. 계층 구조, 한국전이 남긴 계층 구조의 돌연변이 / 45
4. 주체사상에 기초한 조직 생활 / 56
5. 북한 사회의 변화와 통일의 비전 / 74

2부   우리가 해야 하는 북한선교,
   우리가 하고 있는 북한선교

··· 조용관 / 79

1. 북한선교, 이래서 해야 한다 / 81
2. 북한선교, 이렇게 하고 있다 / 89
3. 북한선교, 이렇게 해야 한다 / 99

3부   탈북자, 21세기 북한선교의 화두

··· 조용관 / 107

1. 탈북자 입국 현황과 정부의 지원 체계 / 109
2. 북한선교 전략으로서 탈북자들이 중요한 이유 / 114
3. 탈북자의 남한 적응 실태를 통해 본 북한 주민의 의식 구조 / 120
4. 탈북자 선교의 구체적 방안 / 150

서 문

    예수를 믿지 않으면 결혼하지 않겠다는 아내의 말에, '사랑에는 국경도 없다는데 종교가 무슨 문제가 되겠나?' 하는 오기가 발동하여 교회에 출석한 지가 벌써 20년이 넘었다. 그 후로 지금까지 걸어온 세월은 나의 뜻과 하나님의 뜻, 즉 육체의 소욕과 성령의 소욕의 끝없는 싸움의 세월이었다. 결국 나의 인생 길은 내가 전혀 기대하지도 바라지도 않은 방향으로 흘러왔다. 그래서 잠언 16장 9절에 "사람이 마음으로 자기의 길을 계획할지라도 그 걸음을 인도하는 자는 여호와시니라"고 했던가?

    북한선교도 마찬가지였다. 이는 원래 내가 원하던 길이 아니었다. 중국 선교를 하다가 불법 체류로 구속된 중국 동포를 면회 갔을 때 만난 경찰관으로부터 탈북자들을 지도해 달라는 부탁을 받은 것이 북한선교를 하게 된 동기였다.

    단지 호기심으로 시작한 북한선교는 정말 힘들었다. 그들은 내가 생각했던 사람들이 아니었다. 말만 같은 한국말을 쓸 뿐, 사고와 행동은 우리와 전혀 달랐다. 이러한 어려움 때문에 함께 섬기던 집사님들도 하나둘 떠나갔다. 그러나 나마저 떠나면 북한선교회는 문을 닫아야 할 형편이었고, 또 어렵고 힘들지만 누군가 하지 않으면 안 된다고 생각했기 때문에 떠날 수도 없었다. 더욱 어려운 것은 탈북자들에게 어떻게 대해야 된다고 가르쳐 주는 사람이 아무도 없었고, 더군다나 지침서 같은 것도 없었다는 점이었다. 그래서 모든 것을 탈북자와 직접 부딪치면서 해결할 수밖에 없었다.

　때로는 그들과 싸우기도 하였고, 그들의 고통 때문에 붙들고 울기도 하였으며, 그들이 사는 집에 찾아가 음식을 나누기도 하였다. 또 시간이 날 때마다 전화하고, 같이 놀러 다니는 등 많은 시간을 그들과 함께하려고 애썼다. 그러는 동안 서로 많은 상처를 주고받기도 하였다. 그러나 오랜 시간 서로의 삶을 나누게 되자 그들은 점차 마음의 문을 열고 주님을 영접하며 내면의 모습을 보여주기 시작하였고, 나는 그들을 이해할 수 있게 되었다.

　작년 4월, 오대원 목사님의 초청으로 북한연구학교(NKSS)에서 강의하기 위해 캐나다로 가는 비행기 안에서 하나님이 나를 훈련시키신 이유를 명확하게 깨달을 수 있었다. 나는 비록 내가 원하지 않은 길이었지만 주님께서 힘든 세월을 통하여 탈북자들을 알아가게 하셨고, 그 훈련을 통하여 나같이 무익한 자를 북한선교의 길로 인도하신 것에 대해 감사를 드렸다. 그리고 한국으로 돌아와 북한선교를 보다 효과적이고 체계적으로 하기 위해 오 목사님과 함께 세운 것이 북한선교연구원(NKMI)이다.

　이 책은 북한을 사랑하고 주님의 마음을 품고 북한선교를 하기 원하는 믿음의 식구들과 탈북자를 돕고자 하는 사회 단체의 자원 봉사자들에게 북한 사회와 북한 주민들에 대한 이해를 돕기 위해 발간하게 되었다. 남북한은 분단 이후 서로 다른 체제를 유지하면서 한 번도 서로를 진지하게 알려고 노력해 본 적이 없다. 그 결과 남북한 사람 모두 서로가 스스로 설정해 놓은 가상의 틀 속(wishful thinking)에 상대방을 집어넣고 있는 것이다. 북한 사람들은 남한 사람들이 미 제국주의 식민지하에 거지같은 생활을 하고 있는 것으로 알고 있고, 남한 사람들은 북한 사람들을 공산 치하에서 못 먹고 굶주리며 생활하고 있는 것으로 생각하고 있다. 그 이상 알려고도, 알고 싶어하지도 않는다.

많은 기독교인들과 한국교회가 북한선교에 관심을 가지고 있음에도 불구하고, 구체적으로 어떻게 접근해야 하는지를 잘 모르고 있다. 북한은 같은 민족이기 때문에 별다른 준비가 없어도 잘될 것이라는 생각이 지배적인 것 같다. 그래서 타국에 선교사를 파송할 때는 가기 전에 그 나라의 문화와 언어 등을 배우는 데 많은 시간과 노력을 투자하지만, 북한선교를 위해서는 별다른 준비를 하고 있지 않은 것 같다. 그러나 북한 사회와 북한 사람들에 대한 깊은 이해가 없이는 북한선교를 하기 어려울 것이다. 이러한 문제 의식을 가지고 부족하지만 조금이나마 보탬이 되고자 우리 필자들이 공동으로 이 책을 쓰게 된 것이다.

이 책은 모두 3부로 구성되어 있다. 1부는 통일연구원의 북한연구실장으로 있는 김병로 박사님이 집필하였다. 김 박사님은 북한 문제에 대한 많은 업적을 가지고 있으며, 또 정부의 통일 정책에도 깊이 관여하고 있는, 북한 문제에 대해 권위 있는 전문가다. 1부는 북한 사회가 어떠한 체제로 지탱되고 있으며, 아울러 북한 사회의 계층 구조와 주체사상이 북한 주민 생활에 어떻게 영향을 미치고 있는지를 잘 조명하고 있다. 따라서 1부만 읽어도 북한 사회가 어떠한 사회인가를 쉽게 이해할 수 있다. 2부는 북한선교를 왜 해야 하며, 실제 어떻게 이루어지고 있는지를 살펴보았다. 3부는 필자가 지난 7년 동안 탈북자 선교를 통해 경험했던 것을 토대로 탈북자들이 어떠한 생각과 사고를 가지고 살아가고 있으며, 나아가 그들에게 어떻게 복음을 전해야 할 것인가를 구체적으로 제시하고 있다.

이 작은 책자를 발간함에 있어 많은 분들의 도움이 있었다. 무엇보다도 북한선교를 위해 지금도 온 힘을 다하시는 존경하는 오대원 목사님과 엘렌 사모님, 부족한 책자를 추천해 주신 극동방송 사장이며 침례교

세계연맹 총재인 김장환 목사님과 한국 예수전도단 대표 홍성건 목사님, 전 통일부 차관 양영식 장로님께 먼저 감사를 드린다.

아울러 늘 귀한 말씀으로 풍성한 은혜를 주시는 하용조 목사님, 그리고 필자와 함께 오랫동안 사역한 박중식·송관용 목사님과 최기문 집사님, 정평석 선교사님과 조영호 전도사님, 그리고 북한연구학교(NKSS) 식구들과 북한선교연구원(NKMI) 간사님들과 기도와 물질로 후원해 주신 후원자들께 감사드린다. 또 항상 많은 관심을 갖고 격려해 주신 홍기영·이정화·윤공부 목사님과 문병현·민걸 장로님, 황무임 교수님, 윤영숙·이경은·정진호·이기배·이향숙·최경환·유지운·이승우 간사님께 감사드린다. 또 출판을 흔쾌히 허락해 주신 예수전도단 출판사 이창기 목사님께 감사드린다.

아무쪼록 이 책자가 하나님을 사랑하고 하나님의 마음을 품고 북한을 섬기고자 하는 모든 분들에게 북한을 이해하는 데 적으나마 도움이 되었으면 한다. 주님의 날이 속히 북한 땅에 오기를 손꼽아 기다리며, 모든 영광을 하나님께 돌린다.

2002년 7월
청람동산 연구실에서
필자를 대표하여 **조용관**

김병로 박사

통일연구원 북한연구실장(아세아연합신학대학원 겸임 교수)

1. '한국 : 조선' 그리고 '남조선 : 북한' / 23

2. 지역 자립 체제, 한국전이 남긴 심리적 자폐 증후군 / 30

3. 계층 구조, 한국전이 남긴 계층 구조의 돌연변이 / 45

4. 주체사상에 기초한 조직 생활 / 56

5. 북한 사회의 변화와 통일의 비전 / 74

I. '한국 : 조선' 그리고 '남조선 : 북한'

우리는 남북으로 분단된 한반도 땅을 남한과 북한이라는 말로 구분하여 부른다. 우리가 살고 있는 한반도의 남쪽을 남한으로, 그리고 북쪽 지역을 북한이라고 부르는 데 꽤 익숙하다. 그러나 우리 나라를 한 발치만 벗어나면 남한과 북한이라는 용어는 더 이상 통용되지 않는다. 중국, 일본과 같이 한자어나 한국어를 구사할 줄 아는 사회에서는 남한이라는 말 대신 '한국'을, 북한에 대해서는 '조선'이라는 호칭을 사용하기 때문이다. 일반 사람들에게는 다소 생소한 단어일지 모르나 중국과 일본을 한두 번 정도 왕래한 사람들이라도 북한을 '조선'이라고 부르는 것을 그렇게 이상하게 여기지는 않을 것이다.

북한은 국호를 '조선민주주의 인민공화국'이라고 쓰고 있기 때문에 이 공식 명칭을 줄여서 자기 나라를 보통 '조선'이라고 부른다. 따라서 북한은 남한에 의해 자기들이 '북한'이라고 불리는 것을 달가워하지 않는다. 그것은 북한이 우리를 '남조선'으로 호칭하는 것을 우리가 싫어하는 것과 마찬가지 논리다. 북한은 '북한'으로 불리기 싫어하고, 남한은 '조선'으로 불리는 것을 달가워하지 않기 때문에 한반도 문제를 다루는 남북 학술회의에서는 종종 '코리아'(Korea)라는 영어 명칭을 사용하곤 한다. 한반도와 조선반도라는 표현 대신 코리아반도라는 용어를 사용하고 한민족이나 조선민족 대신 우리민족이라고 표현하는 것이다. 영어 '코리아'

의 어원인 '고려'라는 우리말을 사용하자는 주장도 제기되고 있으나 고려도 워낙 '고려연방제'라는 북한 쪽의 이미지로 인식되고 있어 남한이 이를 선뜻 받아들이지 못하는 것 같다.

역사적으로 따지자면 우리를 조선민족으로 부른다고 해서 기분 나빠할 이유는 없다. 그러나 대한민국에 익숙한 우리는 조선이라는 말을 들으면 어째 좀 낯선 감이 드는 것이 사실이다. 더군다나 북한이 우리를 '남조선'이라고 부르는 데 대해서는 우리를 사회주의 혁명의 대상으로 간주하는 듯하여 왠지 더욱 경직된다.

북한이 우리를 '한(韓)민족'이라고 보지 않는 이유는 한민족이 부족 국가 형성 이전의 농경 민족이었던 마한, 진한, 변한에 조상의 뿌리를 두고 있다고 보기 때문으로 추측된다. 북한은 진한의 한 부족인 사로국이 신라로 강성하여 삼국을 통일함으로써 신라→고려→조선→대한민국으로 발전한 것으로 한민족의 역사를 해석한다. 반면 조선민족은 유목 민족인 부여 족과 그 후신인 고구려 족에 뿌리를 두고 있다고 주장한다. 더군다나 1994년 단군릉을 거대하게 조성한 이후에는 단군을 역사적 실존 인물로 강조하며 단군의 넷째 아들이 부여 족을 형성했다고 주장함으로써 단군→부여→고구려→발해→고려→조선→공화국 조선으로 이어지는 정통성을 더욱 부각시키고 있다. 북한은 우리 민족의 기원을 부여 족과 고구려에서 찾고 있기 때문에 한(韓)민족과 관련된 남한, 북한이라는 호칭을 피하고 싶은 것이다.

중국이나 일본처럼 한국과 조선을 비교적 가깝게 접할 기회가 있는 사람들은 한국과 조선에 대해 다소 이중적인 이미지를 갖고 있음을 발견한다. 조선에 대해서는 경제적으로 먹을 것이 없어 굶주리며 대규모 아사자가 발생하는 비참한 나라라고 생각하면서도 시쳇말로 "정신 하나는 똑바로 박혀 있다"는 긍정적 평가를 내리기도 한다. 반면, 한국에 대해서는 전쟁의 폐허에서 '한강의 기적'을 일구어 냈고 '88 서울 올림픽'을 성공적으로 치른 급성장하는 나라라고 극찬하는가 하면, 다른 한편에서는 "사람이 살 곳은 못된다"는 식으로 부정적 평가를 내리는 사람들도 있다. 남북한의 부조리한 현실을 비판적으로 보는 사람들 가운데는 "북한은 미쳤고, 남한은 썩었다"라는 말로 꼬집는 사람들도 있다.

'조선'이라는 용어는 우리에게 조선시대를 연상케 하여 어쩐지 시대에 뒤떨어져 있다는 느낌을 준다. 조선이라고 하면 백의민족의 상징인 흰색 옷이 생각나기도 하고, 일본 순사에 쫓겨다니며 고통받는 힘없는 사람들의 모습이 떠오르기도 한다. 혹 때로는 '남조선'을 연상케 하여 두려움을 주기도 한다. 그런가 하면 '한국'은 북한 사람들에게 다소 혼란스럽고 '타락한' 자본주의적 냄새를 풍기는 이미지로 받아들여지고 있다. 북한 사람들에게 남조선은 길거리에 실업자가 득실거리며 거리에 깡통을 찬 거지들의 소굴로 각인되어 있다. 또 북한 사람들에게 남조선은 해방되어야 할 식민지로 그려진다. 그들의 눈에는 남조선의 학생과 노동자들은 연일 반정부 시위를 일삼고 있으며, 미국과 그 앞잡이들이 무력으로 정권을 지켜 주지 않으면 당장이라도 붕괴하고 말 취약한 사회다. 미군이 물러가기만 하면 남조선 인민들은 김일성 주석, 아니 이제는 김정일 장군을 우러러 모시기 위해 쌍수를 들고 어버이 품으로 달려올 것으로 믿고 있다.

한반도의 남쪽과 북녘 땅에 실재하는 '한국'과 '조선'은 각자 자기편에서 편리하게 부르는 '남조선'과 '북한'과는 상당히 다를 것이다. 곰곰이 생각해 보면 북한이 상상하는 '남조선'이 허구이듯 남한이 생각하는 '북한'은 어쩌면 지구상에 존재하지 않을지 모른다. 북한은 한국 사회의 가장 그늘지고 소외된 극히 일부분을 '남조선'으로 상정하고 온갖 원한과 미움과 분노를 거기에 투사하였다. 그러나 불행히도 북한이 희망하는 '남조선'은 지구상에 없다. 마찬가지로 남한은 북한의 가장 취약한 부분을 '북한'으로 형상화하여 이 세상에서 가장 끔찍한 곳으로 만들어 버렸다. 자유가 없고 극도의 인권 유린이 자행되며 먹을 것이 없어 수백만 명의 사람들이 죽어 나가는 정말 사람 살 데가 못되는 곳이 바로 북한이라고 여기고 있다. 지금은 김정일과 그 일당들의 압제에 못 이겨 참고 있지만 김정일만 죽으면 자유의 품 대한민국으로 쌍수를 들고 달려올 그런 북한을 그리고 있다. 그러나 북한이 보는 남한이 그렇듯 이런 북한은 허상이 아닐까?

북한 사회에 대해서 지금까지 우리가 알고 있는 것은 북한의 실체 중 극히 일부분이라고 겸허하게 받아들일 필요가 있다. 위에서 언급한 북한의 부정적 모습이 결코 허위는 아닐 것이다. 문제는 그것이 과연 북한 사회의 본질인가 하는 것이다.

미국 조지 워싱턴 대학 인류학과의 로이 리처드 그링커

(Roy Richard Grinker) 교수는 남북한 사람들이 갖고 있는 서로에 대한 인식의 격차가 너무나 크다는 사실을 신랄하게 지적하고 있다. 그링커 교수는 1998년 출판한 그의 저서 『한국과 그 미래 : 통일과 끝나지 않은 전쟁』(*Korea and Its Futures : Unification and the Unfinished War*)에서 남북한 사람들은 서로 상대방에 대해 자기가 생각하고 있는 틀(북조선이 가지고 있는 남조선의 이미지, 남한이 가지고 있는 북한의 이미지) 안에서만 생각하고 상대방을 전혀 이해하려고 하지 않는다고 꼬집고 있다. 이미 엄청나게 달라져 있는 한국과 조선의 현실을 인정하지 않고 자기들이 생각하는 '남조선'은 이렇다, '북한'은 이렇다고 규정하면서 그 속에 사는 사람들의 생각과 가치관이 어떻게 달라졌는지 이해하려고 하지 않는다는 것이다. 이러한 고집불통의 현실을 꼬집어 "한반도 통일의 최대의 걸림돌은 한민족 동질성의 신화"라고 비판한다.

이제는 정말로 북한을 한반도 북쪽에 실재하는 '조선'으로 이해하는 노력을 기울여야 한다. 감정이 앞서서 "북한은 마땅히 이래야 해", "북한은 이러는 게 당연해"라는 식으로 북한을 폄하하며 있는 그대로의 북한을 받아들이지 못한다면 통일을 준비하는 데 있어서나 대북 정책을 수립하는 데 있어서나 북한 선교를 추진하는 데 있어서 사태를 그르칠 가능성이 높다. 실재하는 북한은 우리가 그럴 것이라고 상상하는(wishful thinking) 북한과 결코 동일한 실체가 아니다. 이제는 북한이 우리와 같아야 한다는 냉전 시대의 고정관념에서 벗어나 있는 그대로의 모습을 이해하려는 노력이 그 어느 때보다도 필요한 시기가 되었다.

동유럽 사회주의 체제가 붕괴하던 1990년대 초반이나 1994년 김일성 사망 당시 많은 사람들은 북한도 곧 무너질 것으로 예상했었다. 그리고 1995년 대홍수 이후 수백만 명이 굶어 죽거나 영양실조로 방치되면서 수십만의 주민들이 중국으로 탈북하는 혼란스런 상황이 발생하였다. 그럼에도 불구하고 이러한 사회 상황이 대규모 식량 폭동이나 반정부 시위, 대량 난민 사태의 양상으로 발전되지는 않았다. 다른 개발 도상국이 비슷한 상황에 직면했다면 정권 붕괴나 체제 붕괴와 같은 심각한 사회 혼란이 야기되었을 것이다. 극심한 식량난과 대규모 기아 사태에도 불구하고 북한이 붕괴하지 않는 이유는 무엇일까?

이러한 현상을 이해하기 위해서는 북한 사회의 구조와 주민들의 가치 체계가 어떻게 형성되어 있는가를 아는 것이 중요하다. 그러나 여기서 북한의 사회와 문화를 간략히 이해할 수 있는 틀을 제시하기는 쉽지 않다.

북한은 전통적인 유교의 가치가 존중되고 있고, 병영 문화의 요소가 강하며, 종교적 성향까지 보인다. 따라서 충효 사상이라든가 장유유서의 질서, 남녀 차별과 같은 가부장적 가치가 강조되고 있고, 군대식 용어와 군대식 작업 방식이 일상생활에 깊이 침투해 있으며, 주체사상이 종교적 신념으로 작용하고 있음을 볼 수 있다.

북한 사회를 구성하고 있는 여러 가치들과 구조가 있지만 여기서는 북한 사회를 지탱하고 있는 핵심적인 구조와 가치를 크게 세 가지 차원에서 분석해 보기로 한다. 즉, 유사시를 대비한 지역 자립 체제와 전쟁 피해 정도에 따른 계층 구조, 그리고 주체 사상에 기초한 조직 생활이 그것이다. 이중 북한 사회를 구성하는 물적 토대가 가장 가시적으로 드러나는 부분이 지역 자립 체제이며, 그 다음으로 드러나는 부분이 전쟁 피해 정도에 따라 형성된 계층 구조다. 그리고 가장 눈에 보이지 않지만 중요하게 눈여겨보아야 할 부분이 바로 주체사상의 가치관과 그에 기초한 조직 생활이다.

2. 지역 자립 체제, 한국전이 남긴 심리적 자폐 증후군

    북한 사회를 지탱하는 요인 가운데 가장 눈에 띄는 것은 지역 자립 체제라는 국가 정책이다. 국가적으로 북한이 자력 갱생을 목표로 추구한다는 사실은 널리 알려져 있지만, 지역 단위에서도 자력 갱생을 오랫동안 체제의 목표로 추구해 왔다는 점에 대해서는 일반적으로 깊은 관심을 갖지 못하였다.

    한국전쟁의 처절한 경험을 가진 북한은 전쟁에 대비하기 위한 차원에서 모든 정책을 수립하였다. 지역 자립 체제의 골자는 전쟁 상황에 대비하여 경제와 국방을 동시에 건설하며, 적어도 시·군·구역 단위에서 자력 갱생한다는 국가 전략이다. 김정일은 1964년 자신의 대학 졸업 논문에서 다음과 같이 주장한다.

> 우리의 모든 문제를 전쟁적 관점에서 풀어 나가야 한다…우리는 유사시에 군 안의 주민들의 생활을 군 자체의 힘으로 꾸려 나갈 수 있도록 군들에 중소 규모의 지방 산업 공장들을 더 많이 건설하여야 한다.[1]

    농업 기반이 취약한 도시 지역에 협동 농장을 배치하고, 공업 시설이 부재한 농촌 지역에는 소위 '로동자구'를 설치하여 자력 갱생을 도모한다는 것이다. 만약 도시 지역에 농업 기반이 없다면 유사시 보급로가 차단되었을 경우 생

---

1. 김병로, 「북한의 지역 자립 체제」(서울 : 통일연구원, 1999).

존할 수 없게 될 것이다. 또한 농촌의 경우에도 공업 시설이 없이 농장만 있다면 먹고 사는 데는 지장이 없지만 전시에는 게릴라전과 같은 무장 투쟁을 수행할 수 없게 된다. 도시 지역과 농촌 지역에서 중공업과 농업, 경공업이 균형 있게 발전해야만 전쟁 준비와 경제 건설을 동시에 진행할 수 있다. 적어도 이론적으로는 이 명제가 실현 가능하기 때문에, 유사시에 보급로가 차단되더라도 지역 자체적으로 자급 자족하면서 전투를 수행할 수 있도록 군(郡) 단위 이상의 200여 개 지역에 지역별 자립 체제를 갖추도록 하였다. 이를 위해 지역의 각 공장과 기업소에는 민수 생산과 군수 생산을 동시에 병행할 수 있도록 생산 라인을 건설하고 가능한 한 미군의 공중 폭격에 견딜 수 있도록 군사 시설을 지하화하였다.

일반적으로 사회주의 경제 체제는 양적으로 성장하는 외연적 단계에서 질적 성장이 이루어지는 내포적 단계로 진입하는 과정에서 효율성이 떨어지게 되므로, 중앙 통제 경제를 개혁하고 효율성을 높이기 위한 분권화를 시도한다. 예를 들어 옛 소련의 경우, 대규모 기업은 중앙 정부의 공업 부문별 관리국이 직접 관리하고, 자재 조달과 제품 판매가 전국적으로 이루어지지만 일정 지역에 집중되어 있는 중간 규모의 기업은 지방 경제 위원회의 공업 부문별 부서가 중앙 정부 관리국의 감독을 받으며 관리하였다. 또 중국의 경우에는 1950년대 말부터 각 성(省), 시(市), 자치구(自治區)를 중심으로 농업 생산과 농업 생산을 지원하는 중소 규모 지방 공업 체계 구축을 시도하였다. 덩샤오핑(鄧小平)의 등

장과 더불어 본격적인 개혁·개방 정책이 추진됨에 따라 지역별 자급 자족보다는 비교 우위에 입각한 경제적 효율성이 강조되었고, 내륙 중시 정책에서 연해 지역 개발을 강화하는 쪽으로 방향이 전환되었다.

전쟁 맞춤식 체제의 악순환

북한에서 지역 자립에 입각한 정책 변화의 초보적 움직임은 한국전쟁이 끝나 갈 무렵에 시도되었다. 북한은 한국전쟁이 막바지에 접어들던 1952년 12월, 군과 리 사이에 있던 면 단위 행정 구역을 없애는 대신 리 단위를 통합 개편하고 군을 세분화하는 한편, 노동자구를 설치하였다. 전시임에도 불구하고 행정 구역 개편을 단행함으로써 지방 행정 구역 체계의 복잡성을 개혁하고 중앙과 지방의 유기적 연결 체계의 형성을 시도하였다. 동시에 1958년 8월, 시·군 등 각 지역별로 중소 규모의 지방 산업 공장을 건설하도록 함으로써 지역 자립 체제의 경제적 기반 구축을 시도하였다.

1960년대 들어 남한에서 군사 정권이 출현하고, 세계적으로 쿠바 미사일 사태, 베트남 전쟁의 격화 등으로 국방력 강화를 위한 발전 전략이 모색되면서 북한의 지역 자립 체제가 본격적으로 추진되었다. 1962년 12월에 개최된 노동당 제4기 5차 전원 회의는 새롭게 전개되는 국제 정세에 대응하기 위한 전략으로 경제 건설과 국방 건설 병진 방침을 결정하였고, 1964년 김정일의 문헌과 1966년 10월 개최된

'당 대표자 회의'에서는 사회주의 건설에 있어서 군(群) 단위의 지역별 자립 발전과 군사적 측면에서 지방 공업의 지역별 분산·발전을 강조하였다. 이 시기에 과도한 중앙집권적 통제를 시정하고 분권적인 요소를 도입한 제도적 장치로서 청산리 방법과 대안의 사업 체계 등 군중 노선을 심도 있게 추진하였으며, 군 단위를 중심으로 한 경제 발전의 중요성은 1972년 사회주의 헌법에 명시되었다.

1970년대와 1980년대에 들어 북한은 독립 채산제, 연합 기업소, 지방 예산제 등을 도입함으로써 지역 자립 체제를 제도화하고자 시도하였다. 생산의 효율성이 떨어지게 되자 효율성을 제고하기 위한 가치 법칙이 생산 관리의 모든 영역에 걸쳐 활발하게 도입되었고, 경제 규모가 커짐에 따라 생산 관리 체계의 분권화를 실시하였다. 1973년부터 지방 예산제를 도입하고 1974년부터 이를 전면적으로 실시함으로써 지방 경제를 도 단위 이하의 지방 주권 기관들이 책임지도록 하였다. 1985년 중앙 공업 부문에 연합 기업소 제도를 전면적으로 도입함과 더불어 1987년부터 각 시·군의 지방 산업 공장들이 지방 공업 종합 공장으로 통합되어 군을 단위로 한 지방 경제의 종합적 발전이 강조되었다. 이러한 시도는 결국 기업 자율성의 범위를 확대시키고 지역 자립 체제를 제도화하는 데 기여하였다.

1990년대 세계의 사회주의권 붕괴는 북한에 경제적, 군사적 부담을 주게 되었다. 때문에 북한은 개혁·개방의 방향을 재조정하였다. 제3차 7개년 계획을 마무리지은 1994년부터는 소위 '혁명적 경제 전략'을 제시하고 지방 공업의 육성을 강조하는 한편, 도·시·군 지역 단위의 무역을 허용함으로써 지방의 자율성을 신장시키고 분권화를 촉진시켰다. 이러한 변화는 지방 차원의 행정·주권의 통합 체제가 1972년 이전으로 회기했음을 보여준다. 한국전쟁 이후 체제의 존립 기반이 취약해진 환경에 일사불란하게 대응하고 중앙의 부담을 경감하며 유사시에 중앙의 지원이 없어도 생존할 수 있는 지역 차원의 자립 체제를 갖추었었다. 즉, 1954년에 행정과 주권이 통합된 형태로 일사불란한 지휘 체계를 갖추고, 협동 농장이 생겨나면서 도, 군 단위에서 생산 활동을 주권 기관이 책임을 지게 하였던 1950년대와 1960년대의 지도 체계를 다시 활용하고 있는 셈이다. 1990년대 들어 체제의 위기를 맞은 북한은 이와 같은 체제의 생존 기간을 연장하고 유사시에 대비할 필요성이 커지게 되자 지역 분산적, 지역 분권적 자립 체제를 갖춤으로써 변화된 환경에 적응하고자 시도하고 있는 것이다. 그 결과로 인해 경제난과 식량난이 악화된 1990년대에 지역 단위의 사력 갱생 체제는 한층 심화되었다.

  북한의 지역 자립 체제는 중국과 유사한 형성 과정과 변화를 겪었다고 볼 수 있다. 즉, 북한의 지역 자립 체제는 형성 초기에 지역간 균형 발전이라는 경제적 측면과 더불어 군사적 측면이 고려되었다. 지역 자립 체제가 북한에서 확고하게 자리잡게 된 배경에는 제국주의의 공격으로부터 체제를 보호하겠다는 군사적 목적이 강하게 스며들어 있다. 이러한 현상은 1960년대 중국에서 진행된 분권화 현상과 유사하다고 볼 수 있다. 그러나 중국에서는 시장 개념의 도입과 함께 개혁·개방 정책을 적극적으로 추진하는 가운데 지역 자립 체제가 경제적 효율성을 높이기 위한 방향으로 질적인 변화를 보이게 된 반면, 북한에서는 사회주의권의 붕괴로 체제의 군사적, 경제적 위기가 고조됨으로써 군사 전략적 개념에서 벗어나지 못하고 있는 것이 현실이다. 특히 식량난 등 경제 능력이 약화되고 핵 문제와 미사일 문제가 불거진 탈냉전 시기에 북한은 경제적 효율성과 지역간 비교 우위 등에 입각한 지역 자립 체제를 발전시키지 못하였다. 이는 같은 아시아 사회주의권이면서도 중국과 북한의 정치, 경제적 환경이 다르고 분단 등 사회 구조의 성격이 다른 데서 연유한다고 볼 수 있다.

거시적 사회주의 체계 내의 미시적 시장 메커니즘

지역 자립 체제의 가시적 특징은 행정 구역을 시·군(구역) 단위 이상의 지역에서 자급 자족이 가능한 형태로 편성하고 있다는 점이다. [표 1]에 나타난 대로 시·군(구역) 단위에 농업 지대와 공업 지대를 동시에 갖추고 있다. 도시 행정 구역에 농업 지대인 군 혹은 리를 포함시키고, 농촌 행정 구역에는 공업 지대인 노동자구를 신설·편입함으로써 행정 구역상에 있어서 지역별 자급 자족 체제를 갖추도록 하였다.

[표 1] 자급 자족적 행정 체계

행정 단위	도시 상공업 지대	농촌 농업 지대
특별시·직할시	구역·시(농업 지대 포함)	군
광역 도시	구 역 (동 + 리)	
시·구역	동	리
군	읍·노동자구	리

　지역 자립 체제는 시·군 단위로 자립적 지방 재정을 운영하고 있다는 점에서 제도적으로 뒷받침된다. 북한은 중앙과 지방 간의 기능 및 재원을 분할하고 지방 공업의 발전에 의하여 시·군 단위로 소비재를 자급 자족케 함으로써 지방 예산 수요를 지방 자체의 재원으로 조달한다. 각 시·군은 지방 예산에 소속된 기관 및 기업소로부터 수입을 확보하여 국가의 보조 없이 자체적으로 재정을 운영한다. 지방 재정을 자체적으로 충당하기 위해 지방 공업과 농업, 수산업, 인민 봉사 사업, 수매 사업 등을 적극 개발해야 한다. 또한 지방 특산물을 활용한 지방 산업과 가내반·부업반의 8·3 인민 소비품 생산·판매, 외화 벌이, 관광 산업 등을 통해 부분적으로 자립 체제를 운영하기 위한 재정을 마련하고 있다. 유통 부문에서도 8·3 인민 소비품을 수급하는 전문 상점과 직매점을 설치하여 지방 재정을 충당한다.
　그러나 지역 자립 체제를 분석함에 있어서 보다 중요한 것은 현재 지방 기관이 재정적으로 자립하는가 그렇지 않은가 하는 문제가 아니라 유사시에 지리적 이동이 차단되더라도 자급 자족 체제를 지탱할 수 있는가 하는 점이다. 현재는 지역에 들어선 중앙 산업 시설과 지방 산업 시설, 농장에서 생산된 많은 부분을 중앙으로 올려 보내고 있다. 그런데 유사시에 지역에 들어선 산업 시설과 농장 등 물리적 토대를 활용하여 재정적으로, 경제적으로 자립할 수 있는 구조가 갖추어져 있는가 하는 것이 지역 자립 체제를 운영하기 위해 중요한 것이다. 현재 중앙 산업과 지방 산업의 비율은 각 지역별로 다르지만 대개 중앙 공업이 60~70% 정도이고 지방 공업이 30~40%를 차지한다. 또한 시·군 단위로 자급 자족 체제를 구축하기 위해서는 일정한 규모의 노동력 확보를 필요로 한다. 북한이 그 동안 시·군 단위를 넘어서는 지리적 이동을 통제해 온 것은 지역 자립 체제의 효율적인 작동을 위해 자연스러운 조치라고 볼 수 있다. 제한된 지역 공동체에서 자립을 하려면 노동력의 급격한 이동은 경제 활동에 큰 타격을 줄 가능성이 있다. 따라서 일정한 수준의 노동력을 항상 유지하는 것은 필수적이다.

지역 자립 체제를 가동하기 위해 가장 중요한 부분인 농업의 생산과 관리를 시·군이 실질적으로 책임을 지고 있으며, 계획 수매와 자유 수매 등의 방법을 동원하여 곡물을 확보한다. 또 먹는 문제를 지역에서 자립적으로 해결하기 위해 과수업과 수산업, 축산업 개발도 중요한 비중을 차지한다. 지역 차원에서 먹는 문제를 원활하게 해결하기 위해 장마당, 농민 시장을 통한 교환과 거래를 제도적으로 허용하고 있고, 축산물, 수산물, 농산물에 대한 작업반, 분조, 개인들의 부업 장려, 시장적 교환 메커니즘 활용 등 이미 상당한 시장적 요소가 도입되어 운영되고 있음을 알 수 있다.

지역 자립 체제의 골간을 형성하는 지방 공업은 중공업과 경공업, 생산과 소비, 도시와 농촌의 균형적 발전을 도모하기 위한 장치임과 동시에 전쟁에 대비한 중소 규모 산업의 분산적 발전 전략의 일환으로 건설되었다. 북한은 1958년 6월 노동당 중앙위원회 전원 회의, 1959년 10월 전국 지방 산업 및 생산 협동조합 열성자 대회, 1962년 창성 연석 회의 등을 계기로 시·군 단위에서 인민 소비품을 생산하는 중소 규모의 지방 산업을 적극 건설하였으며 현재 군 단위에 평균 20여 개의 지방 공장이 건설되어 있다. 공업 생산액의 측면에서 지방 산업은 30~40%로 중앙 산업보다 적지만 공장 수에 있어서는 압도적으로 많다. 지방 산업은 지역에서 확보할 수 있는 원료를 이용하여 가정주부 등 유휴 노동력을 활용하여 지역 자체적으로 공장을 유지할 수 있기 때문에 자립성이 높다. 북한의 경공업은 절반 이상이 이러한 지방 산업으로 운영된다. 지역 단위의 외화 벌이 사업과 8·3 인민 소비품, 장마당, 각종 편의 시설들은 지역 단위에서 자급자족하는 데 필요한 주요 원천이 되고 있다.

북한은 사회주의 제도와 생산 방식을 운영하고 있기 때문에 전국적 규모에서 자본주의적 시장 경제나 경영 방식을 도입하고 있지는 않다. 그리고 지역 내에서도 중앙 산업이나 협동 농장의 운영 방식은 여전히 사회주의적 생산과 분배의 틀을 유지하고 있다. 그럼에도 불구하고 지역 주민들의 생활 양식은 지역별 자력 갱생을 추구하는 지역 자립 체제하에서 편의 시설, 인민 소비품, 외화 벌이 등에 참여하여

사적 이윤 추구와 시장적 교환 메커니즘을 배우고 있다. 물론 개인의 소유가 아직은 제한되어 있기 때문에 가내반이나 협동 조합, 외화 벌이 사업의 형태로 사적 이윤을 추구하고 있다. 북한의 지역별 자립 경제 체제는 거시적 사회주의 체제 내에 미시적 시장 메커니즘을 작동시키고 있는 북한식 시장 사회주의라고 볼 수 있다.

한편 군사적 자위 국방의 효율성을 높이기 위해 북한은 산업 시설을 한 곳에 집중시키지 않고 전국 각 지역에 고르게 분포시킨다는 지역별 분산 배치 전략을 추진해 왔다. 즉, 산업 시설 배치에 있어서 공장과 기업소를 여러 지역에 분산 배치한 것이다. 산업 시설의 분산 정책은 정치적 자주성을 군사적으로 담보하기 위해 추진한 경제-국방 병진 노선에 의해 강화되었다. 경제-국방 병진 노선에 근거하여 모든 경제 건설은 국방력 강화에 기여하는 방향으로 추진하였고, 이 과정에서 산업 시설을 전국적으로 분산 배치하는 작업은 중요한 과제였다. 일반적으로 공장 시설은 수자원을 활용할 수 있고 해외 수출을 용이하게 할 수 있도록 하기 위해 항구나 해안 도시에 건설된다. 그러나 북한은 전시 생산을 보장하기 위해 주요 산업 시설을 지리적으로 분산시켜 내륙 지역에도 공업을 발전시켰다.

시·군 단위에서 산업 시설의 지역 분산 배치를 보면 각 지역에 중앙 공업의 가공 공장과 탄광, 광산, 임산 사업소, 수산 사업소 등을 건설하고 지방 산업을 별도로 건설하여 운영하고 있다. 탄광과 광산, 전력, 금속 공업, 기계 공업, 화학 공업, 철도, 자동차 공업 등 국가에서 관리하는 중앙 공업 부문은 지역 자립 체제를 유지하는 데 중요하다. 그 가운데서도 유사시를 대비한 지역 자립 체제를 구축하는 데 있어서 기초 에너지를 제공하는 탄광과 광산 개발은 중요하다. 노동자구는 탄광이나 광산 개발 지역이 절반 정도를 차지하며 나머지는 임산, 수산, 군수 산업 지역 등으로 형성되어 있다.

지역 자립 체제의 강점과 문제점

이러한 북한의 지역 자립 체제는 자위 국방 능력을 증대시켰다는 점에서 두드러진 강점을 지닌다. 북한이 추진한 지역 자립 체제는 전쟁과 같은 유사시에 보급로가 차단되더라도 시·군 단위로 자급 체제를 유지하면서 장기 전투를 수행할 수 있도록 고안된 것이었다. 전쟁 발발의 위험이 상존하고 있는 한반도에서는 중소 규모의 지방 산업을 각 지역에 분산·건설하고 농장을 배치하여 자급 자족하며, 각 지역에 주둔하는 군대와 지역 주민이 지원·협력 체계를 갖춤으로써 경제 건설과 자위 국방을 동시에 달성해야 하기 때문이다.

뿐만 아니라 이러한 지역 자립 체제는 북한 체제의 최소 생존 능력을 보장한다. 군 단위에서 농장과 탄광, 생필품 공장, 군수 공장 등을 고루 갖추도록 한 지역 자립 체제는 처음부터 경제적 효율성을 바탕으로 한 것이 아니었다. 그보다는 폐쇄된 환경 속에서 생존 능력을 배양하는 것을 최대의 목표로 추구하였으며, 이런 점에서는 북한이 추구했던 목적을 달성했다고 볼 수 있다. 지역 자립 체제는 국가 발전이나 경제 발전과 같은 낙관적 토대에 기초한 것이 아닌 체제의 최소한의 생존을 모색하는 전략이기 때문이다.

지역 자립 체제는 또한 주거-직장, 생산-소비의 근접화를 통해 비용을 절감하는 장점을 지닌다. 지역 자립 체제는 주민들이 일정한 지역 내에서 자급 자족적 생활을 할 수 있도록 보장함으로써 주거와 직장의 거리를 최대한 단축시키고 불필요한 사회적, 경제적 비용을 절감할 수 있게 된다. 또한 지역간 운송비를 절약할 수 있고, 노동력의 불필요한 지리적 이동을 차단함으로써 인구가 도시에 집중되는 폐단도 방지함과 동시에 지역 내에 일정한 노동력을 유지할 수 있다.

지역 자립 체제의 최소 생존 능력 배양이 외부로부터 군사적 공격을 당했을 경우를 가정하고 있다는 점에서 북한의 지역 자립 체제는 한국전쟁의 철저한 패배 경험에 근거한다고 볼 수 있다. 주요 도시와 산업 시설의 광범위한 파괴, 170~180만 명의 대량 인명 손실 등은 북한에 엄청난 심리적 충격을 안겨 주었다. 한국전쟁의 막중한 물적, 인적 피해로 인해 북한 지도부는 막대한 피해 의식에 사로잡히게 되었고, 그 결과 소위 심리적 자폐 증후군이 형성되었다고 볼 수 있다. 북한의 지역 자립 체제가 적극적인 발전 전략이 아니라 극단적 상황에서 견딜 수 있는 소극적 생존 전략으로 고착된 것은 바로 한국전쟁의 심리적 피해 의식이 얼마나 큰가를 반영한다.

그런가 하면 지역 자립 체제는 북한의 발전과 근대화에

심각한 문제점을 초래하고 있다. 우선 원래의 의도와는 달리 지역 간의 격차가 심화되었다. 지역 자립 체제를 추진한 목적 가운데 하나는 모든 지역을 고르게 발전시킨다는 것이었다. 그러나 지역간 불균형을 해소시킬 중앙 정부의 능력 부재로 군간 경제 수준에 차이가 발생하였으며, FAO/WFP 등의 보고서도 식량 배급량의 군 단위별 차이를 지적하고 있다. 북한 당국도 이러한 지역 격차의 심화를 인정하고 있으나 해결할 능력의 부재로 자력 갱생의 원칙만을 강조하고 있는 실정이다.

둘째로는 산업 구조를 왜곡시킴으로써 비효율성을 가중시키고 있다는 점이다. 산업 시설의 규모 면에서 동일한 혹은 유사한 중소 규모 공장을 전국적으로 건설함으로써 '규모의 경제'로부터 얻을 수 있는 이점을 상실하였다. 또한 먹는 문제를 자체적으로 해결하기 위해 농업에 노동력을 많이 투자함으로써 농업 인력의 비대화를 초래하였고, 지역 간의 이동과 교환을 억제함으로써 지역간 운송 체계와 사회 간접 자본의 기반이 매우 취약해졌다.

셋째로는 주민들의 지역간 상호 교류가 억제되어 사회적 폐쇄성이 더욱 심화되었다는 사실이다. 경제 활동을 위해 타 지역으로 이동할 필요성이 없고 타 지역 사람들을 만날 기회가 적기 때문에 지역 공동체를 넘어선 인적 교류는 매우 적다. 사회적 단절과 폐쇄성은 인권 억압으로 이어지기 쉽다. 특히 같은 지역 내에서도 전시 예비 물자를 취급하는 지역 주민들은 관리소 혹은 통제 구역으로 분리되어 인권 유린의 현장이 되고 있다.

북한 체제를 지탱하는 물리적 골간

이러한 북한의 지역 자립 체제는 비상시를 대비한 지역 분산형 자급 자족 체제로 전쟁과 같은 열악한 조건에 적응할 수 있도록 만들어진 폐쇄적 발전 모형이다. 규모의 경제나 비교 우위 등의 경제적 개념을 따르지 않고 오로지 한국전쟁과 같은 유사시를 대비하기 위한 전투적이고 군사적인 개념에 지배되었다. 전쟁을 대비하기 위해 실질적으로 군비 증강과 방위산업에 투자를 집중하였고 지역별 자급 정책을 심도 있게 추진한 것이다. 전투적, 군사적 관점에 입각하여 지역별로 농업과 중소형 산업 시설을 고루 갖춘 발전 모형을 선택함으로써 경제적 효율성은 극도로 떨어질 수밖에 없었다.

이와 같은 지역 자립 체제의 개념은 북한의 사회 정치적 생명체론과도 일맥상통한다. 북한은 상부 구조인 정치·사회 분야에서 인민 대중과 사회 단체를 사회 정치적 생명체를 구성하는 각각의 세포로 규정한다. 사회 정치적 생명체 내에서 각각의 부분은 자체의 자생력을 가지고 발전함과 동시에 두뇌에 해당하는 중앙의 통제를 받으며 전체와의 조화를 이루면서 발전해 나간다. 상부 구조와 마찬가지로 하부 구조인 경제 분야에서도 시·군(구역) 등 북한의 전 지역을 세포처럼 구획하고 자생력 있는 지역 단위로 구축한다는 생각을 갖고 있는 것이다. 사회 조직의 원리로 삼고 있는 사회 정치적 생명체론은 경제 조직과 발전 모델에도 적용되고 있다고 볼 수 있다.

경제 위기가 심화되고 군사적 긴장이 고조될수록 북한은 전쟁과 같은 특수한 상황을 염두에 두고 추구해 온 군 단위의 지역별 자급 체제에 의존하려는 욕구를 느낄 것이다. 탈냉전 이후 군사적 위기의 중압감을 심각하게 느끼고 있는 북한으로서는 지역 자립 체제의 전략만이 국가 안보의 능력을 확보하면서 지역 동원을 통해 경제를 발전시킬 수 있는 유일한 대안이라고 생각하고 있는 것 같다. 왜냐하면 그것은 단기적으로 경제 발전을 위한 대내적 자원을 최대한 동원하면서 개혁·개방의 정치·사회적 부담을 덜고 체제의 안정까지 도모할 수 있는 가장 탄력적인 방법이기 때문이다. 결국 전시를 대비하여 구축한 지역 자립 체제는 극도로 취약한 사회 상황 속에서 북한 체제를 지탱하는 물리적 골간이 되고 있다.

3. 계층 구조, 한국전이 남긴 계층 구조의 돌연변이

북한 사회를 지탱하는 두 번째 힘은 계층 구조의 특성에서 찾을 수 있다. 사회주의는 계급 정책에 의해 정당성을 부여받는다. 사회주의 체제는 혁명 이후 국가 건설 과정에서 엄격한 계급 정책을 실시하였다. 즉, 혁명 과정과 국가 건설에 주도적으로 참여한 세력들에게 사회적 혜택을 배분하는 정책을 견지한다. 사회주의 혁명 과정에 참여하여 구자본주의 체제를 붕괴시킨 노동자와 군인, 지식인, 농민 등 다양한 세력에 대한 적절한 보상이 이루어지며, 특히 혁명의 주도 세력에 대해서는 특혜가 부여된다. 그러나 북한에서는 한국전쟁을 계기로 이러한 계급 구조가 질적으로 변화하였다. 한국전쟁은 북한에 많은 인명 피해를 초래함으로써 사회 질서를 바꾸어 놓은 것이다.

한국전쟁으로 인구 175만을 잃다

한국전쟁 기간 중 얼마나 많은 북한 사람들이 사망했는지에 관해 객관적으로 판단하는 일은 쉽지 않지만 약 175만 명이 사망하거나 실종하였으며, 180만 명 이상의 부상자가 발생한 것으로 보인다.[2]

한국 정부의 자료에 의하면 북한 사람들의 인적 손실은 52만 명 내지 100만 명 이상으로 평가된다. 일본 동경에서 발행된 〈통일조선신문〉(1970. 6. 27.)은 한국전쟁으로 군인

2. 한국전쟁으로 인한 북한의 인적 손실에 관해서는 김병로, "한국전쟁의 인적 손실과 북한 계급 정책의 변화," 「통일 정책 연구」 제9권 1호(2000년), pp. 219-242.

61만 명, 민간인 268만 명 등 총 330만 명의 인적 피해를 입은 것으로 보도하였으며, 이 가운데 사망자와 실종자 등 인적 손실은 140만 명 정도 되는 것으로 평가한다. 브루스 커밍스(Bruce Cumings)와 존 핼러데이(Jon Halliday)는 전쟁을 통해 민간인 200만, 군인 50만 등 최소한 250만 명의 북한인이 희생되었다고 주장한다.

북한 공식 인구 자료는 1949년과 1953년 사이에 약 113만 1천 명의 인구가 감소한 것으로 집계하고 있다. 이는 1949년 북한 인구 962만 명의 12%에 해당하는 숫자다. 만약 전쟁 기간 동안 어떠한 인구의 출생이나 이동 또는 사망 등으로 인한 인구 변동이 없이 1949년의 인구가 그대로 유지되었다고 가정할 경우 전쟁으로 인한 인적 손실은 113만 1천 명이 될 것이다. 그러나 당시의 인구 증가율을 고려하면 실제 인적 피해는 이보다 클 것이 분명하다. 따라서 한국전쟁 동안 북한의 인구 손실은 최소한 113만 명은 넘을 것이다.

전쟁으로 인한 인적 손실 없이 북한의 인구가 1949년의 상태로 지속적인 성장을 했을 경우, 그리고 지리적 이동이 없다고 가정하면 전쟁 기간 중 북한이 입은 인적 손실의 최대 규모는 적어도 202만 6천 여 명이 된다. 그러나 전쟁 기간 중의 출산율과 사망률을 고려하면 한국전쟁 기간 중 북한이 입은 인적 손실은 총 190만 명으로 볼 수 있다. 여기에서 지리적 이동의 변수를 추가로 고려하면 전쟁 기간 중 북한의 인적 손실은 약 175만 명에 이를 것으로 추정된다. 이는 당시 북한 인구의 18%에 해당하는 엄청난 규모다.

북한은 한국전쟁으로 인한 인적 손실 규모에 대해 밝히기를 꺼려해 왔다. 북한이 전쟁의 피해자 규모에 대해 정확한 수치를 밝히지 않은 것은 북한의 전승 신화에 손상이 갈지도 모른다는 우려 때문이 아닌가 싶다. 대신 일부 지역에서 자행된 '미제의 학살 만행'의 통계를 제시하며 미 제국주의의 비인간적인 측면과 범죄적 행위를 드러내는 데 초점을 맞추었다. 그러나 1999년 9월 이후 노근리 사건이 불거지면서 미군에 대한 피해 보상 논의가 제기되자 북한은 이에 민감한 반응을 보이며 한국전쟁 시기 북한 지역에서 190만 명의 주민이 학살당했다고 주장하였다.[3] 북한의 이러한 주장이 어떤 의도에서 제기되고 있는지 정확히 파악할 수 없지만 위에서 추정한 한국전쟁의 인적 손실 규모에 근접하고 있다는 점에서 주의를 기울여 볼 만하다.

북한의 인적 손실은 남한과 비교할 때 매우 컸음을 알 수 있다. 남한의 피해 규모에 대한 평가도 정확히 일치하지는 않지만 사망자와 실종자가 군인 27만 8천 명, 민간인 57만 4천 명(월북자 포함)으로 총 85만 2천 명이며, 부상자는 군인 70만 9천 명, 민간인 22만 9천 6백 명 등 총 111만 5천 명이다. 사망자와 실종자 등 직접적인 인적 손실은 85만 명이며 많게 보는 사람들도 100만 명 정도로 평가한다. 당시 남한의 인구가 2천만 명이었으니 전쟁으로 인한 인적 손실은 전체 인구의 5%에 해당한다. 북한이 입은 인적 손실과 비교하면 상대적으로 적은 비중이다. 인구수를 감안한 인적 손실의 충격은 남한보다 북한이 3~4배 컸다고 보는 것이 옳을 것이다.

3. 〈평양 방송〉, 1999. 12. 21. ; 〈연합뉴스〉 (북한소식), 1999. 12. 23.

한국전 사상자 중심으로 헤쳐 모여!

전쟁은 실로 대단한 위력을 가지고 사회를 변화시킨다. 나라를 붕괴시키기도 하고 때로는 새로운 국가를 탄생시키기도 한다. 과거 지구상에 존재했던 수많은 나라들이 전쟁을 겪으면서 사라지고 생성했음을 인류 역사는 보여주고 있다. "전쟁은 모든 것의 아버지이며 모든 것의 왕이다"라는 고대 역사가 헤라클리투스의 말은 전쟁이 인간 사회를 변화시키는 데 얼마나 결정적인 역할을 하는가를 절실히 인식한 표현일 것이다. 국가는 전쟁을 촉발시키지만 일어난 전쟁은 국가와 사회를 그대로 두지 않는다. 전쟁을 통해 사회는 재구성되며 질적인 변화를 겪는다. 이런 점에서 전쟁은 중대한 사회적 결과를 낳는다고 볼 수 있다.

북한의 계급 노선도 한국전쟁을 계기로 질적인 변화를 겪었다. 즉, 전통적인 사회주의 계급성 이외에 전쟁의 피해 상황을 기준으로 한 성분 구분이 첨가된 것이다. 한국전쟁은 위에서 추정한 바와 같이 북한에 엄청난 인적 손실을 가져오면서 북한의 가족 구조와 사회 구조에 지각 변동을 초래했다. 한국전쟁을 거치면서 인명의 대량 손실로 가족 구조와 사회 구조가 파괴됨으로써 사회 재편의 필요성이 제기된 것이다.

전쟁으로 인한 북한의 직접적인 인적 손실은 전체 인구의 17~18%에 해당하는 막대한 규모였다. 뿐만 아니라 수많은 부상자에 대한 처우도 중요한 문제였다. 부상자 규모가 실제로 어느 정도인지 확인할 수는 없지만 사망자가 많았던 만큼 부상자도 182만 명으로 매우 많았던 것으로 보인다. 따라서 부상자에 대해 생계를 보장하고 사회 생활을 영위할 수 있는 사회적 대책을 마련하는 것도 시급한 과제로 대두되었다.

한국전쟁으로 인해 발생한 사망자와 부상자를 합하면 북한 인구 약 35%인 350만 명이나 된다. 인구의 3분의 1이 전쟁으로 인해 직접적인 피해를 입은 것으로 볼 수 있다. 만약 사망자와 부상자의 가족을 포함한다면 한국전쟁을 계기로 북한에는 심각한 규모의 결손 가족이 발생했으며, 적어도 북한 인구 절반 이상이 전쟁으로 가족을 잃은 결손 가족이 아니었을까 추측해 본다. 북한 당국은 이러한 사회 문제를 해결하기 위해 필요한 사회 정책과 계급 정책을 추진하지 않으면 안 되었다.

전쟁의 피해자가 주민의 다수를 차지하고 있는 상황에서 북한은 전사자·피살자 가족을 사회의 핵심 세력으로 등용시키면서 계층 구조를 재정비하였다. 북한은 1958년 8월 사회주의적 제도 개혁을 완비하고 사회주의 건설을 위한 새로운 전환을 목표로 그 해 12월부터 전체 주민을 출신 성분별로 구분하는 '중앙당 집중 지도 사업'을 추진했다. 1966년 4월~1967년 3월에 실시한 '주민 재등록 사업', 1967년~1970년 6월에 걸쳐 조사한 소위 '3계층 51개 부류 구분 사업' 그리고 1980년 4~10월에 걸친 '외국 귀화인 및 월북자에 대한 료해 사업', 1981년 1~4월에 걸친 '북송 교포에 대한 료해 사업' 등이 단계적으로 추진되었다. 이는 전 주민에 대해 가족의 계급적 배경과 사회적 활동 등을 기준으로 정치

성향을 파악하고 소집단으로 분류함으로써 주민들을 효과적으로 관리, 통제하기 위해 북한이 시도한 사회주의적 계급 정책이었다. 북한은 한국전쟁과 관련하여 전쟁 가담 정도와 성격, 피해자, 월남자 등 구체적인 성분 분류 작업을 실시하였다. 기존의 혁명가 가족 이외에 체제의 핵심 군중으로 등용할 전사자·피살자 가족을 파악하고, 체제 반동분자로서의 월남자 가족을 분류해야 할 사회적 필요성이 대두되었기 때문이다.

이러한 성분 정책에 의해 북한의 전 주민은 핵심 군중, 기본 군중, 복잡 군중 등 3계층으로 구분된다. 상류층을 대변하는 핵심 군중은 북한 체제를 이끌어 나가는 통치 계급으로서 북한 사회의 핵심 부류에 속하는 특수 계층이다. 상류층 가운데 항일 혁명 가족도 상징적인 중요성을 갖고 있지만 주류를 이루는 것은 한국전쟁 당시 피살자, 학살자 및 전사자 가족들이다. 북한의 중하급 간부들인 일반 핵심 군중은 전체 인구의 28~29%를 차지하고 있고, 한국전쟁의 전사자·피살자 가족은 일반 핵심 군중의 절대 다수를 차지한다. 북한은 성분 정책을 실시하기 위해 혁명가와 전사자·피살자 유자녀들에 대한 집중적인 교육과 사회적 혜택을 제공했다.

중류층인 기본 군중은 특수 계층에 속하지 않는 일반 노동자, 농민, 사무원 및 그 가족 등을 중심으로 구성된다. 기본 군중 가운데는 영예 군인이 다수를 차지하고 있음을 알 수 있다. 앞에서 설명했듯이 부상자가 전체 인구의 18% 이상을 차지함으로써 이들에 대한 사회 정책 추진이 필요했다. 북한은 전쟁 부상자들을 등급별로 구분하여 노동 능력이 있는 사람들에 대해서는 직장 생활을 할 수 있도록 배려하였다. 북한의 시·군 각 지역에는 상이 군인들이 운영하는 영예 군인 공장이 없는 곳이 없을 정도로 광범위하게 조직·운영되고 있다. 북한의 각 지역에 화학 일용품, 수지 일용품, 철제 일용품 등 일용품과 학용품, 악기, 가방, 제약, 편직물 등 다양한 제품을 생산하는 영예 군인 공장이 있음을 볼 때, 한국전쟁으로 생겨난 부상자가 얼마나 많았는지를 알 수 있다.

[그림 1] 북한의 성분별 계층 구조

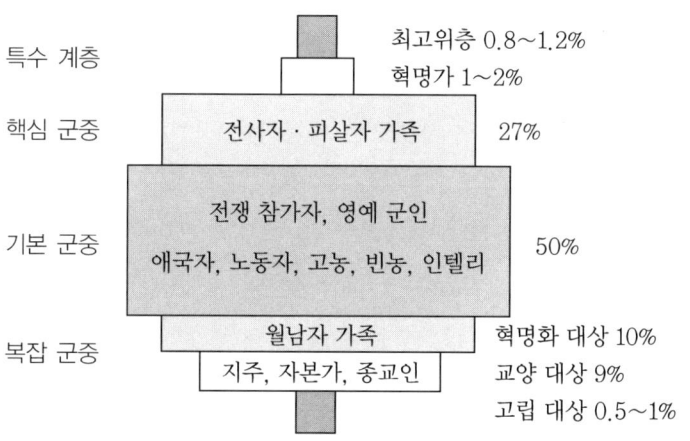

하류층인 복잡 군중은 소위 불순분자, 반동분자로 낙인찍힌 자들로서 사회로부터 소외된 계층이다. 복잡 군중 가운데는 월남자 가족이 다수를 차지한다. 월남자는 한국전쟁 이전

월남자와 한국전쟁 기간 중 월남자로 구분된다. 지주, 자본가, 종교인 등 전쟁 이전 월남자도 적대 분자들이지만 전쟁 중 월남자는 주민들이 전쟁으로 고생하던 시기에 '사회주의 조국을 버리고 떠난 반혁명 분자' 혹은 '반동분자' 들로 낙인 찍혀 사회적으로 엄중한 차별을 받았다. 북한 당국은 공식적으로 성분 정책을 탈피해야 한다고 홍보하고 있지만 국가의 광폭 정치 슬로건과는 달리 기층 민중 사이에서는 차별적 성분 구조가 여전히 존재하고 있음이 분명하다.

이와 같이 북한은 한국전쟁으로부터 심각한 인적 자원을 상실함으로써 경제 전략과 사회 정책을 근본적으로 수정하게 되었다. 성분 조사 사업과 성분 정책의 적용으로 북한이 혁명 초기에 추구하였던 사회주의 계급 정책은 완화·변질될 수밖에 없었다. 혁명의 중심 세력을 노동자, 농민, 인텔리 등 계급적 특성으로 구분하는 것이 아니라, 한국전쟁과 관련한 피해 정도를 기준으로 평가하여 정치적 위계질서를 구축하는 데 실질적으로 활용하였다. 결국 북한의 계급 정책은 한국전쟁의 막대한 피해라는 역사적 경험을 통해 사회주의적 계급 노선으로부터 한국전쟁의 피해를 기준으로 사회적 혜택을 부여하는 성분 위주의 계층 구조로 질적인 변화를 일으킨 것이다.

이처럼 북한의 계층 구조에서 중산층 이상은 한국전쟁의 피해자들이 다수를 차지하고 있다. 특히 상류층은 한국전쟁의 피해와 직접적인 관련을 맺고 있는 사람들이라는 사실은 매우 중요하다. 이들은 단순히 사상 교육이나 세뇌 교육만을 통해 한국전쟁의 처절함을 학습한 것이 아니라 전쟁의 참혹함을 누구보다도 뼈저리게 체험한 사람들이며, 가족 관계를 통해 체험적으로 적대 의식을 터득한 그 후손들이다. 거기에다 이들은 북한식 보훈 정책에 의해 사회적 혜택을 받은 기득권 세력이다. 소외된 주변인으로서가 아닌 사회의 상층 기득권 세력으로 집단과 계층을 형성하고 있다.

대남 적대 감정의 구조화와 체제유지

북한의 이러한 사회 구조는 남북 화해와 민족 공동체 형성 과정에서 최대의 걸림돌로 작용할 것이 분명하다. 남한에서는 한국전쟁으로 인한 피해와 북한에 대한 적대 감정이 주로 국가와 학교의 이데올로기 교육이라는 방식을 통해 형성되어 있으며, 전쟁 피해 당사자들이 직접적인 사회 세력을 형성하고 있는 것은 아니다. 또한 보훈 정책에 있어서도 전쟁의 피해자들이나 월남자들에 대해 사회의 주요 집단이나 계층을 형성하도록 배려한 북한과는 달리 재정적 보상 정도의 국가 보훈 정책을 추진하였다. 남한에는 전쟁으로 직접적인 피해를 입은 사람들이 전체 인구의 5% 정도에 불과하고 전쟁 피해 가족들을 사회의 핵심 세력으로 재편하려는 사회 정책을 추진하지 않았는데도 북한에 대한 적대 의식이 강렬한 것을 보면, 전쟁 피해 가족들을 계급 정책으로 구조화한 북한의 대남 적개심은 대단하리라 예상된다.

남북한 간에 자리잡고 있는 상대방에 대한 심리적, 정신적 불안 의식과 이질감의 근원은 한국전쟁에서 태동되었다고 볼 수 있다. 남북 간의 문화 충격과 사회적 이질성으로부터 오는 냉소주의적 태도가 그 자체로는 큰 문제가 아닐 수도 있다. 그러나 이러한 이질적 요소들이 한국전쟁과 같은 사회 문제와 맞물려 터져 나온다면 더욱 첨예한 갈등으로 치달을 것은 자명한 사실이다. 한국전쟁으로 인해 북한이 남한보다 훨씬 많은 인적 피해를 입었고 전쟁 피해의 적대 감정이 사회적으로 구조화되어 있는 북한의 현실을 상기한다면 통일 과정에서 한국전쟁의 문제는 어느 순간에 터질지 모르는 시한폭탄이다.

북한 사회의 이러한 구조적 특성에 비추어 볼 때 한국전쟁으로 형성된 양 체제의 적대 의식을 해소하고 분단을 극복하기 위해서는 보다 진지한 노력을 기울여야 한다. 한국전쟁의 피해 정도에 따라 서열 지어진 북한 사회 구조의 특성을 이해한다면 한국전쟁 문제를 신중히 다루지 않으면 안 될 것이다. 통일 과정에서 한국전쟁의 책임 문제를 반드시 짚고 넘어가야 한다는 당위론적 주장은 이러한 면에서 위험한 선택이다. 이 당위론적 선택은 남북 관계의 대립과 갈등을 가속화시키는 결과만 낳을 가능성이 크다.

한국전쟁이 남북한 사회의 발전 과정에 결정적인 영향을 미쳤다는 사실은 누구도 부인할 수 없을 것이다. 남북한은 한국전쟁을 치르면서 주요 도시와 산업 시설이 파괴되고 사망자와 부상자, 이산 가족이 양산되는 엄청난 물적, 인적 손실을 입었다. 전쟁은 권위주의적 정치 세력의 싹을 키우는 사회적 토양을 제공했고, 특히 북한에는 '수령론'이라는 유일 지배 체제를 뿌리내렸다. 전쟁의 상처로 생성된 적대적 이데올로기는 권위주의적 정권의 대결 정책으로 남북한의 대립과 갈등을 강화시켰으며, 이러한 적대 의식과 감정은 통일 과정에서 민족 공동체 형성의 가장 큰 걸림돌이 될 것으로 우려하고 있다. 이렇듯 전쟁의 경험을 통해 형성된 북한의 이러한 사회 계층 구조의 성격은 극도의 식량난과 정세의 불안 속에서도 북한 체제를 지탱하는 실질적인 근원이 되고 있다.

4. 주체 사상에 기초한 조직 생활

마지막으로 북한 사회를 이해하기 위해서는 주체사상을 종교화한 조직 생활을 들여다보아야 한다. 주체사상은 이제 하나의 사상을 넘어서 종교로 진화하였으며 특히 기독교와 유사한 종교 조직으로 발전하였다. 중국의 북한 전문가인 조호길 선생은 북한을 이해하기 위해서는 기독교를 알아야 한다는 흥미 있는 말을 한다. 얼마나 정확한 지적인지 모른다. 현재 북한 사회를 보면 사상 체계나 조직 생활 등에서 깜짝 놀랄 만큼 기독교화되어 있음을 볼 수 있다.[4]

그렇다면 주체사상이란 구체적으로 무엇을 말하는가? 주체사상이라는 용어는 하나의 알맹이로 되어 있는 것이 아니라 마치 양파와 같이 껍질을 벗기면 벗길수록 여러 겹으로 둘러싸여 있는 다차원적 개념이다. 이는 주체사상이 역사적으로 형성되는 과정에서 여러 가지 의미로 변화, 발전되었기 때문이다. 북한의 「철학사전」에서도 주체사상을 정의하지 않고 있다. 「철학사전」은 주체사상을 '주체사상→김일성 동지 혁명 사상'으로 표시하여 주체사상에 대해 직접적인 설명을 하는 대신 김일성 동지 혁명 사상을 찾아보라고 서술하고 있다. 즉, 주체사상을 '김일성 동지의 혁명 사상'으로 정의하며 김일성 혁명 사상의 진수를 이루는 것을 주체사상이라고 설명하고 있다.

그런데 이러한 정의는 주체사상을 협의의 의미로 해석하는 것이다. 북한의 사상 체계는 마르크스주의 또는 레닌주

4. 김병로, 「북한 사회의 종교성 : 주체사상과 기독교의 종교 양식 비교」(서울 : 통일연구원, 2000).

의와 같이 김일성주의로 자리잡고 있다. 북한은 김일성주의를 김일성의 혁명 사상, 혁명 이론, 혁명 방법의 세 영역으로 구분한다. 이러한 맥락에서 보면 주체사상은 넓은 의미에서 사상, 이론, 방법을 포괄하며, 이 세 분야는 각각 철학적 원리, 사회 역사 원리, 영도 원리로 설명되고 있다. 다시 말하면 넓은 의미에서 주체사상은 김일성주의를 가리킨다. 즉, "주체사상=김일성주의"라는 등식이 성립되는 것이다. 그러나 북한은 대외적으로 주체사상이라는 용어를 선호하며 대내적으로는 김일성주의라는 용어를 사용하는 경향을 보인다. 북한이 김일성주의라는 용어를 쓰지 않고 주체사상이라는 용어를 사용하는 이유는 김일성주의가 국제 사회주의 운동과 사회주의 체제의 지도 사상인 마르크스-레닌주의를 '대체하는' 새로운 사상 이론, '불완전한' 마르크스-레닌주의를 완성시킨 최고의 사상 이론이라는 북한 노동당의 주장과 견해를 외부에 명시적으로 드러내 놓지 않으려 하기 때문인 것으로 추측된다.

김일성주의, 즉 넓은 의미의 주체사상 가운데 한 분야인 김일성의 혁명 사상을 좁은 의미의 주체사상 혹은 주체 철학이라 부른다. 따라서 좁은 의미의 주체사상은 철학적 세계관, 주체 철학을 가리킨다. "사람이 모든 것의 주인이며 모든 것을 결정한다"는 사람 위주의 철학적 세계관은 주체사상의 출발점이다. 이로부터 인민 대중 중심의 사회 역사 원리와 자주적 입장 및 창조적 입장에 기초한 지도적 원칙이 도출된다. 이와 같은 의미의 주체사상에 대한 포괄적 개념은 1982년 김정일에 의해서 체계화되었으며, 그 후 계속해서 변화, 발전되어 오고 있다. 이런 점에서 주체사상은 고정 불변한 이념이 아니며 시기에 따라 그 내용을 달리한다고 볼 수 있다.

주체사상의 종교성

주체사상은 단순한 이데올로기로 출발하여 종교적 신앙으로 발전되고 있다. 주체사상이 종교적 차원으로 발전하는 계기는 먼저 '수령론'이 대두하면서부터 시작된다. 주체사상의 종교성은 주체사상의 철학적 연구의 진전으로 뒷받침되었다. 주체사상은 사람 중심의 철학이라고 일컬어진다. 지금까지 서양 철학에서는 무엇이 우주의 본질인가를 논쟁하는 과정에서 의식이 먼저인가 물질이 먼저인가를 밝히려고 노력해 왔다. 관념론적 철학이나 유물론적 철학은 의식이 본질인가 물질이 본질인가를 놓고 대립해 왔다. 그러나 이러한 분석적인 논쟁은 불필요하다. 왜냐하면 인간은 의식과 물질 가운데 어느 것이 먼저인가를 따질 수 없고 의식과 물질을 변증법적으로 동시에 지니고 있는 존재이기 때문이다. 주체사상은 이러한 이분법적이고 분석적인 접근은 잘못되었다고 비판하면서 의식과 물질을 동시에 가지고 있는 '사람'을 기본 단위로 설정하고 연구해야 한다고 주장한다. 사실 물질과 의식, 존재와 사유의 관계를 어느 정도 유물론에 근거하여 해석하고 있지만 인간과 세계와의 관계에 대해서는 물질과 의식을 동시에 지닌 사람을 세계의 중심에 놓고 사상을 펼친다. 따라서 사람을 기본 단위로 놓고 사람과 세계와의 관계를 밝힘으로써 인간의 가치와 본질을 규명해 나간다.

사람과 세계와의 관계에서 영적 혹은 정신적 측면의 우월성을 강조한다는 점에서 주체사상은 매우 종교적이라고 볼 수 있다. 물론 주체사상은 자연 세계에 대해 초월적인 것으로서의 정신 세계를 추구하지 않는다는 점에서 신을 찾는 기성 종교와는 다르다. 주체사상이 종교적 신앙으로 심화된 것은 바로 사회 정치적 생명체론이 완성되면서부터다. 인간의 생명을 육체적 생명과 사회 정치적 생명으로 구분하여 개인이 소유할 수 있도록 만들었다는 사실은 주체사상이 종교로 발전하는 데 결정적으로 기여하였다. 종교의 발전 과정에서 개별적으로 존재하고 있는 영혼(soul)을 집단적 숭배의 대상으로 환원시킨 정신(spirit)의 출현은 종교적 힘을 개인 소지 가능한 형태로 발전시킨 매우 중요한 국면이다. 수령관과 주체 철학, 사회 정치적 생명체의 출현으로 주체사상 이데올로기는 종교적 신앙으로 진화되었다.

주체사상의 세계관은 "사람이 모든 것의 주인이며 모든 것을 결정한다"는 철학적 원리와 사람이 자주성, 창조성, 의식성을 가진 사회적 존재라는 사람에 대한 철학적 견해를 주장한다. 즉, 인간은 자연과 사회의 주인이며 모든 것을 결정하는 주체로 인식하는 인간 중심의 인본주의 철학 원리에 기초하고 있다. 인간을 모든 사고의 중심에 놓고 인간과 세계의 상호관계를 밝히는 철학이며, 세계 개조자로서 인간의 실천적 역할을 강조함으로서 인간을 위해 복무하는 철학이라고 한다.

[표 2] 주체사상의 시기별 내용 변화

시기	내용	정책
1955-1967	자립적 발전 전략	주체, 자주, 자립, 자위
1967-1974	정치적 통치 이론	수령관
1975-1980	집단주의 사회관	인간 개조 사업, 따라 배우기 운동
1982	주체 철학	철학 원리, 역사관, 지도 원칙
1986	사회 정치적 생명체	수령, 당, 대중의 삼위일체
1986, 1989	민족주의	조선 민족 제일주의, 전통 문화 복원

또한 주체사상은 인간의 본질이 '자주성'과 '창조성' 그리고 '의식성'에 있다고 본다. 다시 말하면 인간에게는 "자연의 구속을 극복하고 사회의 온갖 예속을 반대하며 세계와 자기 운명의 주인으로서 자주적으로 살며 발전하려는 사회적 인간의 속성"인 자주성이 있다고 보았다. 뿐만 아니라 인간에게는 "주위 세계를 자기의 의사와 요구에 맞게 능동적으로 목적 의식적으로 개조해 나가며 자기 운명을 개척해 나가는 속성", 즉 창조성이 있다고 보았다. 그런가 하면 "세계와 자신을 파악하고 개변하기 위한 모든 활동을 규제하는 속성", 즉 의식성을 통해 세계와 그 운동 발전의 합법칙성을 파악하며 자연과 사회를 자기의 요구에 맞게 개조하고 발전시킨다고 주장한다.

이와 같은 철학적 바탕 위에 인민 대중 중심의 사회 역사

원리를 규명하고 지도 원칙을 제시해 나간다. 여기에서 중요한 것은 주체사상은 사람을 개인으로서가 아니라 '사회적 관계의 총체'로서 파악한다는 것이다. 사람의 본질적 속성은 자연에서가 아니라 사회에서 얻을 수 있다. 자주성과 창조성, 의식성은 서로 유기적으로 통일되어 있으며 이것은 인간의 생물학적 속성과는 대비되는 사회적 속성으로서 '사회적 존재'인 인간에게만 고유한 것이다. 개개인은 집단과 사회의 일원으로서가 아니면 자주성과 창조성을 유지할 수 없다.

사회적 존재로서 인간은 첫째, 역사적으로 축적된 정신적·물질적 재부를 지니고 살며, 둘째, 사회적 관계를 맺고 집단적으로 살아간다. 사람의 이러한 재부는 사회의 공동 재부이며 역사적으로 사회적으로 축적되고 발전된다. 문자 개발을 통해서 지식을 축적하고 세대간에 전수 가능하게 된다.

사회는 사람으로 구성되는데 사람은 이와 같이 사회적 재부(물질적 재부, 문화적 재부)를 갖게 되며 대를 이어 축적되어 전사회적으로 이용된다. 사회적 재부를 소유한 사람과 사람의 관계가 사회적 관계이며, 사람과 사회적 재부와의 관계도 포함된다. 즉 사회는 ① 사람 ② 사회적 재부(물질적 재부와 문화적 재부) ③ 사회적 관계(사람과 사람 사이의 관계, 사람과 사회적 재부와의 관계)로 구성된다. 사회적 관계란 '사람들의 사회적 지위와 역할을 규제하는 질서'로서 이 질서의 통일적인 체계가 사회 제도다. 예컨대 봉건 사회라고 하면 봉건적 사회 관계가 지배적인 사회다. 자본주의 사회는 사회적 재부를 많이 가진 자가 적게 가진 자를 착취하는 사회이지만, 북한 사회는 사랑의 관계로 형성된 사회라고 주장한다.

'유일신' 김일성과 집단주의 교리

주체사상을 기독교 교리와 비교해 보면 신론, 인간론, 기독론, 교회론, 구원론, 종말론 영역에서 각각 다음과 같이 비교할 수 있다.

첫째, 주체사상은 유물론적 가치관과 진화론에 뿌리를 두고 있기 때문에 인간의 경험적 영역을 초월하는 추상적인 신의 개념을 거부한다. 대신 공산주의의 도래에 대한 신념과 확신이 형이상학적 하나님의 영역을 차지하고 있다. 또한 형이상학적인 하나님이 예수라는 인간으로 성육신함으로써 보이는 하나님으로 환원되었듯이 김일성은 공산주의라는 절대적 가치를 이 땅에 실현하는 중재자이면서 동시에 신적인 존재로 인식되고 있다. 김일성이 기독교의 하나님과 완전히 같다고 볼 수는 없지만 김일성이 사망한 이후 '보이지 않는' 김일성에 대해 점차 기독교의 하나님과 같은 존재로 주체사상의 신학 이론을 발전시킬 가능성도 없지 않다. 특히 1980년대 이후에는 김정일에 대해 '아버지의 아들'로서 정통성과 신성을 강조하고 있는데, 예수가 구약 성서에 나타난 하나님과 인간과의 언약을 계승하고 성취하는 자로서 위치를 확보했듯이 김정일은 김일성의 위업을 계승하고 성취하는 사람으로서 신적인 권위를 부여받고 있다.

북한이 김일성 유일 사상을 만들고 이것을 '10대 원칙'으로 명문화하고 있다는 사실은, 오직 여호와 하나님만을 유일한 신으로 섬겨야 하며 이를 십계명으로 명문화한 기독교의 유일신 사상과 일맥상통한다. 기독교인들에게 십계명은 논란의 여지가 없는 하나님의 말씀으로 여기며 신앙인으로서 지켜야 할 최소한의 규칙을 명시한 것이다. 마찬가지로 북한 사람들의 모든 생활을 규제하는 것은 '유일 사상 체계 확립의 10대 원칙'이며 모든 언행은 이 '10대 원칙'에 근거하여 평가받는다. 주체사상이 '김일성 동지의 혁명 사상'으로 규정되어 김일성주의의 하부 형태로 존재하고 있는 것도 바로 이러한 맥락에서 이해된다. 주체사상과 김일성의 존재는 분리해서 생각할 수 없으며 김일성(혹은 김정일)이라는 유일신은 기독교보다 더 엄격한 행동 규율을 요구하며 신으로서 절대성을 유지하고 있다.

둘째로 인간의 본질에 관한 내용은 아마도 기독교와 주체사상이 비교될 수 있는 가장 유사한 영역일 것이다. 기독교의 신론을 접어 두고 인간에 초점을 맞추면 기독교의 인간론은 주체사상에서 이론화하고 있는 인간론, 인생관과 뚜렷한 공통점을 갖는다. 주체사상은 사람을 단순한 생물학적 존재로 보거나 혹은 사회적 구성 요소와 결합 구조의 특수성으로 보지 않고 의식성을 가진 독특한 존재로 간주한다. 사람을 물질과 의식으로 구분하지 않고 두 요소를 동시에 지닌 총체적 실체로 파악한다. 그러나 탈유물론적 인간관은 최근에 발전된 이론으로 북한 사람들이 갖고 있는 실제 가치관은 세대에 따라 주체사상의 이론과 상당한 괴리를 나타내고 있는 듯 보인다.

셋째, 기독교의 교리에서 예수의 존재가 필연적으로 요청되듯이 주체사상의 교리에서도 수령의 존재는 필요 불가결한 요소다. 사회주의 혁명과 건설을 성취하기 위해서는 인민의 역량을 통일적으로 지도할 수령의 존재가 반드시 필요하다는 것이다. 노동 계급을 비롯한 평범한 인민 대중은 혁명의 위대한 수령을 모시고 수령의 세련된 영도하에 투쟁해야 혁명과 건설에서 승리할 수 있다고 주장한다. 이것이 노동 계급의 혁명 투쟁 발전의 객관적 합법칙성이며 백 수십 년에 걸치는 국제 공산주의 운동에 의하여 확증된 혁명적 진리라는 것이다. 수령이 주체사상에서 하나님과 같은 절대적 지위를 차지한다는 점에서 주체사상은 '수령교'로 통칭될 수 있다.

넷째, 기독교의 구원과 영생의 사상은 주체사상에서도 동일하게 발견된다. 북한은 수령인 김일성이 일제의 압제로부터 인민을 해방시키고 구원했다는 일종의 신화를 갖고 있다. 우리 민족이 일제 식민 통치에 신음하고 있던 상태에서 항일 무장 투쟁을 통해 조선 인민을 구원했다는 것이다. 주체사상은 과거의 구원뿐만 아니라 미래의 구원, 즉 영생을 부여한다. 인간의 생명을 육체적 생명과 사회 정치적 생명으로 구분하고 사회 정치적 생명의 영원성을 주장한다. 사회 정치적 생명체론은 마르크스-레닌주의 이론이 제시하지 못하는 개인의 삶과 죽음의 문제를 다루고 있다는 점에서 일종의 신앙 또는 인생관으로 내면화되는 주된 원인이 되고 있다.

다섯째, 기독교에서 신자들로 이루어진 공동체인 교회는

'예수 그리스도의 몸'으로 표현되며 인간 실존은 그리스도의 몸, 즉 그의 백성과 그의 교회 안에 포함될 때에만 가능하다고 주장한다. "하나는 전체를 위하여, 전체는 하나를 위하여" 존재한다는 북한의 집단주의 교리는 공동체적 교회의 교리와 일치한다. 이 사회 정치적 생명체에서 김일성은 수령으로서 신체의 뇌수이며 당은 혈관이고 인민은 신체의 각 부분으로 간주된다. 수령, 당, 대중은 삼위일체의 통일체로서 개별적으로 분리될 수 없다. 사회 정치적 생명체론은 기독교인들이 너무나 잘 아는 사도 바울의 지체론과 동일하다.

여섯째, 기독교는 이 세상은 끝이 있으며 그 종말은 거대한 위기로 임하게 되는데 예수의 재림이 이러한 위기를 종식시키는 역사적 계기가 되며 예수의 재림과 함께 전체적 부활이 진행되고 최후의 심판과 더불어 '하나님 나라'가 완성된다고 주장한다. 주체사상은 사회주의, 공산주의의 종국적 승리를 믿고 있으며 동시에 이 땅에서 사회주의, 공산주의 지상 낙원이 도래할 것을 믿는다. 종말론적 사상은 언젠가 도래할 낙원을 기대하고 종말론적 신앙의 종국적 승리를 내다보면서 현재의 고난을 인내하도록 도와준다. 북한은 공산주의 사회의 도래를 기대하며 현재의 경제적, 사회적 어려움을 참도록 가르친다. 북한은 '강성 대국'이라는 공산 사회의 낙원이 도래할 것을 믿으며 현재의 고난을 견디어야 한다고 강조함과 동시에 이러한 낙원의 실현이 이 땅에 '이미' 실현되었음을 주장한다. 뿐만 아니라 기독교가 죄와 사탄의 세력과 투쟁해야 함을 강조하는 것과 마찬가지로 주체사상으로 무장한 북한은 자본주의, 제국주의 세력을 사탄으로 규정하고 사탄의 세력을 타도하기 위해 전투적 태도로 임할 것을 독려하고 있다.

수령교의 예배와 말씀 묵상

종교 의식과 행위 규범에 있어서도 북한은 기독교의 예배당과 같은 '김일성 혁명 사상 연구실'을 갖추고 그 안에서 모임과 학습 등 예배 의식을 행한다. 김일성 혁명 사상 연구실은 김일성의 혁명 사상, 주체사상, 높은 덕성을 배우기 위한 것이라고 하며 "북한 전지역의 당 및 국가기관, 공장, 기업소, 협동 농장들과 교육 문화, 과학 기관, 인민군 부대 및 경비대" 등 인민 생활의 모든 부문에 갖추어져 있다. 이와 같은 혁명 사상 연구실이 행정 기관, 산업 기관, 군대를 포함하여 전국적으로 약 45만 여 곳에 이를 것으로 추정되고 있다. 이 곳에서는 학습 활동 이외에 각종 선서 모임과 충성의 편지 전달 모임, 축전 전달 모임 등의 여러 행사를 진행한다. 이 곳은 일상적이고 세속적인 장소와는 구별되는 엄숙하고 성스러운 장소로 김일성과 깊은 관계를 맺고 있다고 믿기 때문에 주체사상의 성소로 간주된다.

기독교, 특히 개신교가 주일예배를 비롯하여 수요 예배, 새벽 기도회, 철야 기도회, 토요 집회, 금요 구역예배, QT(아침 묵상의 시간), 가정 예배 등 일주일 주기의 모임과 집회를 갖는 것처럼 북한에서도 일주일을 단위로 여러 종류의 모임과 학습을 진행한다. 주간 생활 총화, 수요 강연회, 아침 독보회, 월요 학습 침투를 비롯하여 인민반 학습, 철야 작업, 새벽 참배 등의 집회를 유지하고 있으며, 체계적인 학습을 통해 신앙을 유지하고 있다. 그 가운데서 토요일에 직장 각 조직 단위에서 실시하는 생활 총화는 일종의 자기 반성적 종교 집회로 매우 중요한 종교 의식이다.

생활 총화는 공장과 기업소, 학교, 군대 등 북한의 모든 기관과 단체가 소년단, 청년 동맹, 직업 동맹, 농업 근로자 동맹, 여맹, 당원 등 조직별로 나뉘어 전국적으로 진행된다. 생활 총화는 초급 단체 단위로 실시하는 것이 기본이며, 일반 노동자들의 경우 기업소나 직장의 작업반별로 실시한다. 총화의 주기에 따라 일일 총화, 주간 총화, 월간 총화, 분기 총화, 연간 총화 등으로 구분된다. 총화시 김일성·김정일의 교시와 말씀을 먼저 인용하고 나서 자신의 생활을 비판하는 것은 기독교에서 설교를 하거나 신앙 교육을 할 때 먼저 성경을 인용하고 그것을 기준으로 현실과 생활 세계를 분석하거나 신앙 생활을 점검해 나가는 방식과 같다. 또한 자아 비판은 기독교의 예배에서 하나님께 자신의 잘못을 회개하고 결심하는 기도의 행위에 해당하는 것으로 북한 사회의 종교성을 유지하는 골간이며 북한 체제를 다른 사회주의 체제와 구별되게 하는 중요한 요인이다.

기독교인들이 예수의 말씀인 성경을 소중히 여기며 모든 행동 지침을 성경으로부터 찾는 것과 마찬가지로 북한 사회도 성경의 일종인 주체사상의 경전, 즉 김일성 교시와 김정일 말씀을 갖고 있으며 이 교시·말씀에 따라 생각하고 행동한다. 기독교인의 신앙을 유지하는데 있어서 찬양이 중요한 수단이듯이 북한에도 김일성·김정일 찬양가가 공식·비

공식 행사에 동원되고 있다. 기독교인들이 일상생활의 대화와 학술 문헌에서 성경 말씀을 인용하듯이 북한에서도 생활의 모든 영역에서 김일성 김정일의 교시·말씀을 반드시 인용해야 한다. 종교 의식에 필요한 동의·감탄사가 사용되고 있다든가 기독교의 십자가와 같은 신앙의 상징으로 김일성 배지를 달고 다니는 행위, 은혜와 사랑, 믿음, 구속, 구원, 영생 등 기독교적 종교 언어를 빈번하게 사용하는 현상들은 주체사상이 종교성을 담고 있음을 보여준다. 또한 공식 교인이 되기 위해 공개적인 가입 절차를 거치도록 하는 행동 규범은 주체사상과 기독교 신앙에서 공통적으로 발견된다.

수령교의 제자·신자·명목상 신자·불신자

종교는 집단내 구성원들이 공통적 속성과 귀속감, 사회적 유대 의식을 공유하는 일종의 공동체로 존재한다. 주체사상은 '지도적 원리'라는 행동 원칙을 개발하여 공동체의 실천적 규범으로 제시하고 있다. 주체사상이 실천을 강조함에 있어 도덕과 윤리를 중시한다는 것은 종교적 성격을 강하게 띠고 있음을 드러내며, 사람의 도덕 품성을 선과 악으로 평가하는 생각도 주체사상이 기독교와 공유하는 부분이다. 주체사상은 사회적으로 '좋은 일하기 운동', '따라 배우기 운동' 등 각종 실천 생활을 요구하고 있는데, 공산주의 도덕 교양의 한 고리를 단단히 구성하고 있는 이 실천 운동에 대한 강조는 주체사상의 중요한 종교적 특성이라고 할 수 있다. 북한의 집단주의는 정치·경제 생활에서 '군중로선'이라는 형태로 나타나고 있으며, 사회 생활에서는 '공산주의적 미풍'의 발양으로 강조된다. 또 물질에 대한 욕심을 버리고 금욕주의를 강조하는 윤리는 기독교와 유사한 점이다. 북한 기독교가 신학적 측면보다는 윤리적, 실천적 측면에 비중을 두고 있는 것도 종교를 도덕 공동체로 인식하고 있음을 보여준다.

절대자에 대한 신앙이 어느 정도 강렬한지, 사회 관계의 유형이 어느 정도 집단주의를 추구하는지에 따라 공동체는 다양한 색채를 띤다. 주체사상 신자들의 종교성 정도는 개인별로 각각 다르게 나타나며 주체사상이 주장하는 세부 가치별로도 다르게 표출된다. 주체사상의 공동체를 신앙 정도를 기준으로 분류하면 "주체의 요구대로 하는" 열렬한 신자, 믿기는 믿으나 회의를 동시에 갖고 있는 신자, 주체사상의 '교재'가 없이는 한마디도 하지 못하는 엉터리 신자, 주체사상을 전혀 받아들이지 않는 불신자 등 크게 네 부류로 나눌 수 있으며 각각의 집단은 인구의 25%씩을 구성하는 것으로 평가된다. 또 주체사상 공동체의 신앙은 계층 계급별 및 세대별 차이를 보인다.

북한의 공동체 생활 조직을 통제·관리하는 기관은 북한 사회의 두뇌에 해당하는 당 조직 지도부와 선전선동부다. 사제단이 교회 공동체가 유지될 수 있도록 사제의 충원과 신자들의 교육, 선교에 대한 문제를 체계적으로 지도하듯이 당 조직 지도부와 선전선동부는 공식·비공식 통제 채널을 이용하여 주민들의 학습 활동을 효과적으로 관리하며 주체사상 교육을 직접 담당한다. 기독교에서 '주일학교'의 교육을 중시하듯 북한도 취학 전 교육과 학교교육을 체계적으로 실시함과 동시에 조직별, 등급별 성인교육을 진행하고 학습 교재를 1년 단위로 새롭게 변경하는 등 체계적인 운영을 하고 있다. 조선노동당 중앙위원회는 기독교의 신학대학과 같은 사제를 전문적으로 양성하는 대학을 운영하고 있다. 이러한 조직 활동을 통해 공동체의 정체성을 보존하며 유지시킨다.

김일성은 기독교인이었다?

북한 사회에 스며들어 있는 기독교적 영향은 어디에서 연유한 것인가. 많은 사람들은 그것이 김일성의 기독교적 가정 환경에 기인하는 것이 아닌가 추측한다. 김일성이 독실한 기독교 신앙을 가진 가정에서 태어나 소위 모태 신앙을 갖고 성장했다는 사실은 매우 흥미로운 대목이다. 이런 점에서 북한이 기독교적 특성을 가지고 있는 이유는 김일성의 기독교적 배경 때문일 가능성이 가장 크다. 아버지 김형직과 어머니 강반석은 모두 신실한 기독교인으로 김일성은 어린 시절 어머니를 따라 주일학교에 착실하게 다녔던 사람이다. 중학교 때에는 중국 연변의 손정도 목사의 보살핌을 받으며 교회 생활을 하였고, 학생 성가대 지휘를 맡을 정도로 교회 활동을 활발하게 하였다. 아버지로부터 기독교와 항일 독립 활동에 대한 영향을 받았고 어머니로부터는 개인적 관계 이외에 외가 쪽의 강돈욱과 강양욱의 신앙적 영향을 받으며 성장했다. 김일성은 기독교 신앙을 갖지 않았지만 주일학교에서 배우는 성경 내용과 교회 생활에 대해 해박한 지식을 갖고 있었던 것은 사실이다.

김일성은 해방 이후 정권 구축 과정에서는 기독교인들로부터 조직적 반대에 부딪히면서 강렬한 기독교 경험을 하였다. 특히 '주일 선거 반대운동'과 토지개혁 과정에서 기독교에 대한 부정적인 태도를 갖게 된 것으로 보인다. 1970년대에 주체사상의 종교화를 주도한 김정일의 기독교 경험에 대해서는 알려진 바가 거의 없으나 어머니를 일찍 여읜 관계로 친척들의 보살핌을 받으며 자라는 과정에서 기독교적 영향을 받았을 것으로 추측해 볼 수 있다. 김일성·김정일은 기독교 신자는 아니지만 일반적인 한국인에 비하면 기독교적 영향을 훨씬 많이 받았고 기독교에 대해서 체험적으로 알고 있다고 할 수 있다. 김일성이 지니고 있던 민족주의, 사상과 신념의 중요성, 복음 전파의 사명, 이상촌 건설 등의 사상과 김정일이 갖고 있는 의식성과 도덕성을 강조하는 가치관은 기독교적 가정 배경을 통해 형성된 것이라고 볼 수 있다.

기독교적 가정 배경과 기독교인들과의 접촉, 그리고 기독교 세력의 도전 경험 등으로 김일성·김정일은 기독교 교리와 교훈, 생활 방식을 접할 기회를 빈번하게 가질 수 있었다. 김일성은 어린 시절에 기독교 경험을 바탕으로 그가 권좌에 있는 동안 의도적으로 기독교 방식을 이용했을 것이다. 설령 비의도적이었다 할지라도 김일성과 김정일의 기독교와의 접촉은 어떠한 방법으로든 북한 사회를 통치하고 조직화하는데 영향을 주었을 것이다. 따라서 김일성·김정일이 종교를 '민중의 아편'이라고 공식적으로 부인했음에도 불구하고, 그들은 이와 같은 기독교 경험으로부터 기독교인의 생활양식과 조직 원리, 그리고 중요한 교리 및 교훈에 대해 충분히 배울 수 있었고 이를 적용했을 것이라는 가정을 추론하기는 어렵지 않다. 그러나 김일성·김정일의 기독교적 영향이 어떤 구체적인 과정을 통해 표출되었는가를 경험적으로 확인하기는 쉽지 않다. 또한 그 과정이 과연 의도적인 것이었는지 아니면 잠재 의식적인 것이었는지 하는 문제를 검증하는 작업은 더욱 어렵다.

주체사상이 지니고 있는 기독교적 종교 양식과의 유사성이 반드시 김일성·김정일의 기독교적 배경에만 기인한다고 볼 수는 없다. 유교와 같은 전통 종교에 의한 영향과 전쟁과 같은 사회적 변화로부터 기독교의 어떤 부분이 일종의 친화력을 가졌을 수도 있을 것이다. 특히 북한의 종교 국가적 특성은 한국전쟁으로 인해 폐허가 된 사회적 환경 속에서 뿌리를 내릴 수 있었다. 북한은 전쟁 경험과 전쟁의 위기의식을 자극하여 권위주의적 군사 문화를 지속했으며, 북한 사회가 보이고 있는 종교성은 전쟁의 위기적 상황과 같은 사회적 조건으로 촉진되었을 가능성이 높다. 전쟁의 위기 및 혁명과 같은 사회 변화가 급격히 발생하는 상황 속에서는 기독교적 종교 양식이 친화력을 갖는 것으로 보이기 때문이다. 또한 공산주의 사상과 이론 자체가 다른 종교보다 기독교의 사상과 유사성이 있다는 점도 주체사상이 기독교적 종교 양식을 띠고 있다는 사실을 설명하는데 도움을 준다. 유년 시기에 주일학교에서 성경을 배우고 기독교 사상을 접하였던 김일성은 출애굽의 해방과 구원의 역사를 통해 일본 식민 통치의 억압으로부터 나라를 해방시켰다는 '해방 신화'를 쉽게 만들 수 있었을 것이며, 평등·이상 사회를 지향하는 기독교 사상을 자연스럽게 활용했을 것으로 생각된다.

　이처럼 현재의 북한은 종교적 색채가 강한 사회로 변화되었으며 북한 사회에 스며들어 있는 이와 같은 종교적 성격은 북한 체제를 지탱하는 궁극적 요체가 되고 있다. 물리적 측면에서 지역 자립 체제, 사회적 측면에서 전쟁의 피해 정도에 따라 형성된 계층 구조의 특성과 더불어 주체사상으로 뭉쳐진 조직 생활은 북한 사회 체제를 떠받치는 동력의 근원이다.

5. 북한 사회의 변화와 통일의 비전

북한 사회의 변화

북한은 1998년부터 사회 각 부분에서 표면적으로 질서를 회복하고 있는 듯 보인다. 그러나 극심한 식량난과 고난의 행군을 거치면서 북한 사회는 내면적으로 변화를 겪고 있다. 고난의 행군을 전개하면서 적어도 30만 혹은 1백만 명의 추가 인적 손실을 입었다.(UN에서 직접 조사한 인구 자료로 볼 때 1993년의 인구가 2,121만, 96년에 2,211만, 97년에 2,235만, 98년에 2,255만 명으로 매년 20~25만 명의 인구가 증가하는 추세를 감안할 경우, 30만 명 가량의 인구가 순수하게 식량난으로 사망한 것으로 추정된다). 최하류층 5백만 명의 인구는 정상적인 생존이 불가능하며, 특히 하류층 가족의 어린이들은 심각한 영양실조 상태에 놓여 있는 것으로 판단된다.

'고난의 행군' 기간에 비해 1998년 이후 주민들의 생활 수준이나 임금은 호전되고 있는 것으로 보인다. 그러나 북한 당국은 중앙 정부의 식량 공급을 줄이고 지방 정부와 지역 단위 개별 기업소를 통해 자체적인 식량과 생필품 조달을 계속 요구하고 있다. 최근의 한 조사에 의하면, 개략적으로 북한의 생활 상태를 다음과 같이 구분해 볼 수 있다. 즉, 상층 25%는 국가 배급과 임금을 비교적 제대로 받고 있다. 중간층 50%는 대부분 배급을 받지 못하며 임금도 체불되는 경우가 보통이다. 따라서 가정의 여성들이 장사나 소토지 경영 등의 부업으로 생활하고 있다. 그리고 하류층 25%는 생활 능력이 없이 겨우 생계를 유지하고 있다. 월 평균 임금이 100원 정도이지만 대부분 북한 가정은 한 달에 2,000원 혹은 3,000원씩 벌고 쓰는 것으로 나타나고 있다. 이들 가운데는 사적 경제활동을 통해 월 2만~3만 원의 고소득을 올리고 있는 사람들도 늘어나고 있어, 국가의 권위가 점점 떨어지고 있고 계층 간의 격차도 벌어지고 있다.

식량 구입을 위한 주민들의 지리적 이동도 고난의 행군 기간에 비해 크게 줄어들었고 조·중 국경 이동자들도 줄어들었다. 1998년 헌법에 처음으로 '거주, 려행의 자유'를 명시(75조)했으나 실제로는 거주·여행의 자유가 여전히 제한되어 있다. 그러나 이미 고난의 행군을 거치면서 10만~30만 명의 북한인이 조·중 국경을 이동하였으며 그 가운데 적게는 5%, 많게는 10%가 영구 탈북 가능성이 있는 것으로 추정된다.

식량난으로 북한 사회는 이처럼 큰 변화를 겪고 있다. 지금까지의 변화는 주로 대내 구조적 요인이 주도했다고 볼수 있다. 그러나 향후 북한 변화는 지난 10여 년 간 확대된 북한의 대외 관계와 대남 관계의 변수가 절대적인 영향을 미칠 것으로 보인다. 특히 분단 이후 처음으로 실현된 2000년 6월의 정상회담을 계기로 남북 관계는 근본적으로 달라졌으며, 남북 관계의 개선 속도에 따라 북한의 변화는 크게 영향을 받게 될 것이다.

탈분단의 역사에서 통일의 역사로

그렇다면 앞으로 남북 관계의 개선과 통일이 어떻게 전개될 것으로 보아야 하는가? 한국과 조선은 같은 민족으로서 동질적인 측면을 공유함과 동시에 체제 분단으로 달라진 부분들이 많이 있다. 한국과 조선은 동질적 가치를 확인하고 민족 정서를 고취시켜 나가는 한편, 달라진 부분에 대해서는 교류와 협력을 통해 서로의 다름을 이해하고 인정하는 자세를 가져야 할 것이다.

한국과 조선은 분단으로 말미암아 양 사회가 얼마나 많은 양적, 질적 피해를 입고 있는가를 반성하며 교류 협력을 통해 양 체제가 모두 이익을 얻을 수 있는 점들을 강조해 나가면서 교류 협력과 통일 필요성의 공감대를 넓혀 나가야 한다. 특히 경제적으로 여유를 누리는 남한 국민들과 자라나는 젊은 세대들에게 분단 구조하의 남한 사회 문제점을 인식시키고 남한 사회의 발전과 번영을 위해 북한과의 협력이 불가피함을 설득해야 한다.

분단으로 말미암아 남한은 지리적 밀폐 공간으로 전락하였다. 삼면이 바다이고 다른 한 면은 철조망으로 둘러싸여 있으니 지리적으로 본다면 고립된 섬이나 다를 바 없다. 지리적인 밀폐성은 경제적, 문화적으로 남한에 큰 손해를 미치고 있다. 경제적으로는 북한이라는 변수에 민감하게 영향을 받는 불안한 구조를 갖고 있으며, 문화적으로는 폐쇄적이고 배타적인 민족성이 강화되었다. 인간의 사고는 지정학적 환경에 절대적으로 영향을 받는 존재인데, 지리적 단절은 폐쇄적인 심리 상태를 형성했고, 적대적, 대결적인 남북 관계는 배타적인 인간 관계, 배타적인 사회 관계를 만들었다.

통일은 이러한 밀폐된 우리의 삶의 공간을 대륙으로 확장시키는 것이며 닫힌 우리의 마음을 세계로 여는 것이다. 남북의 철도와 도로를 연결하여 자동차를 몰고 판문점을 지나서 평양을 지나고, 북경과 모스크바, 파리, 제네바, 로마까지 마음껏 여행하는 나라를 만드는 것이다. 이런 넓은 세상, 자유로운 세상을 만드는 것, 그것이 바로 통일의 비전이다.

뿐만 아니라 분단으로 인해 이 땅의 많은 사람들이 고통을 받고 있다. 천만의 이산가족이 가족과의 만남을 그리워하며 한스러운 삶을 살아가고 있다. 사상과 이념이 무엇이기에 사랑하는 부모와 자녀, 형제·자매를 만나지 못하게 한다는 말인가. 전쟁으로 희생된 250만 명의 사망자와 300만 명의 부상자, 그리고 그 가족들, 납북·귀순·탈북 등으로 헤어진 가족 친지들, 분단 체제에 안으로 희생된 사람들(수지김 사건 등, 비전향 장기수·신원 조회·성분 정책, 북한의 그리스도인)과 가족 친지들, 모두 사무치는 그리움을 안고 분단의 땅에서 고통스럽게 살아가고 있다. 이 땅의 고통을 치유하기 위해 하루빨리 현재의 분단 상태를 변화시켜야 한다.

우리 민족은 20세기 100년 역사 가운데 전반 50년은 식민 통치로, 후반 50년은 분단과 전쟁, 그리고 대결로 시간을 보내고 있다. 21세기 100년의 앞날도 그리 밝지는 않다. 21세기 전반 50년은 탈분단의 역사가 될 것이며 후반 50년은 혼란과 변혁의 통일 역사가 진행될 것이다. 이러한 통일 미래를 내다보며 민족 갈등으로 국력과 인력을 소모하지 말고 남북한의 안정과 평화를 정착시키기 위해 진지한 노력을 기울여야 한다.

2부
우리가 해야 하는 북한선교
　　우리가 하고 있는 북한선교

조용관 박사

북한선교연구원 부원장(인천대 정외과 겸임 교수)

1. 북한선교, 이래서 해야 한다 / 81

2. 북한선교, 이렇게 하고 있다 / 89

3. 북한선교, 이렇게 해야 한다 / 99

1. 북한선교, 이래서 해야 한다

오늘을 사는 한국의 크리스천이라면 방법론의 차이일 뿐 어느 누구도 북한선교의 당위성을 부정하는 사람은 없을 것이다. 그만큼 북한선교는 하나님을 믿는 우리들에게는 선택 사항이 아니라 필수 사항인 것이다. 북한선교를 해야 하는 이유를 살펴보면 다음과 같다.

주님의 지상 명령이다

예수님은 마태복음 28장 19~20절에서 "그러므로 너희는 가서 모든 족속으로 제자를 삼아 아버지와 아들과 성령의 이름으로 세례를 주고 내가 너희에게 분부한 모든 것을 가르쳐 지키게 하라 볼지어다 내가 세상 끝날까지 너희와 항상 함께 있으리라"고 말씀했으며, 또 사도행전 1장 8절에서는 "오직 성령이 너희에게 임하시면 너희가 권능을 받고 예루살렘과 온 유대와 사마리아와 땅끝까지 이르러 내 증인이 되리라"며 열방에게 복음을 증거할 것을 명령하고 계신다.

주님의 이 지상 명령 때문에 수많은 믿음의 선배들이 로마 카타콤의 지하에서도, 원형 경기장의 사자의 포효와 맞서면서도, 단두대의 위험도 무릅쓰고 복음을 증거하였다. 그리고 파란 눈을 가진 서양 선교사들이 아브라함처럼 '본토 친척 아비 집을 떠나' 은둔의 조용한 아침의 나라인 조선에까지 와서 복음을 전하였다. 그들의 피값으로 인하여 한국은 이제 선교사를 많이 파송하기로 세계 몇 번째 안에 속하는 국가가 되었다.

하지만 우리의 또 다른 한쪽인 북한은 지리적으로는 가까우나 정치적, 이데올로기적으로는 아직 먼 나라로 남아 있는 것이 현실이다. 북한은 형식적으로는 종교의 자유를 허락하지만 실제로는 기독교를 탄압하는 몇 안 되는 나라 중 대표적인 국가다.[1] 그런 의미에서 보면, 성경에서 말하는 '땅끝'이란 지리적 개념의 뜻도 있으나 북한처럼 갈 수 없는 마지막 장소라는 의미도 포함될 것이다.[2] 그러나 비록 정치적, 이데올로기적으로 복음을 전하기 어렵다 하여 북한선교를 포기할 수는 없다. 왜냐하면 그 어떠한 것도 하나님의 말씀보다 앞설 수 없기 때문이다.

그들은 우리동포들이다

북한선교를 해야 하는 또 다른 이유는 북한에 살고 있는 사람들이 우리 동포들이기 때문이다. 사도 바울은 로마서 9장 1~3절에서 "내가 그리스도 안에서 참말을 하고 거짓말을 아니하노라 내게 큰 근심이 있는 것과 마음에 그치지 않는 고통이 있는 것을 내 양심이 성령 안에서 너로 더불어 증거하노니 나의 형제 곧 골육의 친척을 위하여 내 자신이 저주를 받아 그리스도에게서 끊어질지라도 원하는 바로다"라고 말하며 동족 사랑의 중요성을 강조하고 있다. 여기서 바울은 "참말을 하고 거짓말을 아니하노라"라고 자신의 말이 참말임을 두 번이나 말하면서 거듭 강조하고 있다. 또 "내게

---

1. 북한 헌법 제68조에 "공민은 신앙의 자유를 가진다. 이 권리는 종교 건물을 짓거나 종교 의식 같은 것을 허용하는 것으로 보장된다. 종교를 외세를 끌어들이거나 국가 사회 질서를 해치는 데 리용할 수 없다"라고 규정하고 있다. 이러한 규정은 종교의 자유를 허용하는 것 같지만 실제 국가 사회 질서를 해친다는 명분으로 종교를 탄압하는 데 이용된다.
2. 박완신, 「북한 종교와 선교 통일론」(서울 : 지구문화사, 1999), p. 252.

큰 근심이 있는 것과 마음에 그치지 않는 고통이 있는 것을 내 양심이 성령 안에서 증거하노니"라고 말하며, 자기 마음속에 근심이 있는데 그 근심으로 인해 고통이 그치지 않는다고 고백하고 있다. 그가 가진 근심의 원인은 다름 아닌 자기 민족 이스라엘의 구원 때문이었다. 그래서 그는 자기의 형제 곧 골육의 친척, 즉 이스라엘 백성의 구원을 위해서라면 자신이 그리스도에게서 끊어져도 좋다고 말하고 있다. 여기서 우리는 같은 민족 이스라엘을 향한 바울의 진실하고도 위대한 사랑을 읽을 수 있다.

그러면 우리는 과연 어떠한가? 진실로 남한에 사는 우리 기독교인들 중에 얼마나 많은 사람들이 북한 동포의 구원을 위하여 큰 근심을 하며, 마음에 그치지 않는 고통을 겪고 있는가? 예수님의 제자라는 그리스도인들이 믿지 않는 자들과 구별될 정도로 북한을 사랑하고 있는지 과연 의심스럽다. 훗날 주님이 "나의 사랑하는 자녀들이 영적으로, 육적으로 굶주려 죽어 갈 때 너희들은 그들을 위해 무엇을 하였는가?"라고 물으신다면 우리는 무엇이라고 답변해야 할 것인가? 우리는 이러한 주님의 물음에 답하기 위해서도 사도 바울과 같이 동족을 사랑하는 마음을 가지고 북한선교를 해야 한다.

하나님의 형상대로 존귀하게 창조된 존재다

인도적 차원에서 우리는 북한선교를 해야 한다. 창조주 하나님은 창세기 1장 27절을 통해 "하나님이 자기 형상 곧 하나님의 형상대로 사람을 창조하시되 남자와 여자를 창조하시고"라고 말씀하신다. 즉, 우리 인간은 하나님의 형상대로 지음을 받는 귀한 존재라는 것이다. 또 베드로전서 1장 16절에서 "기록하였으되 내가 거룩하니 너희도 거룩할지어다"라고 말씀하고 있다. 다시 말해서 성경은 우리가 창조주 하나님의 형상대로 지음을 받았고, 그렇기 때문에 거룩한 존재라고 말씀하는 것이다. 결국 인간의 존엄성도 바로 성경에 기초하고 있는 것이다.

많은 사람들이 자기 자신의 정체성(identity), 즉 자기 자신이 누구인지 깨닫지 못하기 때문에 하나님을 찾지도 믿지도 않는다. 그러나 북한에 살고 있는 동포들은 국가 자체가 기독교를 접하지 못하게 하기 때문에 자기의 정체성을 찾을 기회 그 자체를 박탈당하고 있는 것이다. 그들은 자신들이 창조주 하나님의 형상대로 지음 받은 거룩한 존재인지도 모르고, 오직 수령과 당에만 충성하는 노예와 같은 존재로 살아가고 있다. 다시 말해서 김일성 주체사상이라는 잘못된 가치관에 사로잡혀 존귀한 인간으로 대접받지 못하고 살아가고 있다. 북한은 1994년 김일성 주석이 사망한 후 연이어 계속된 자연재해로 인해 많은 사람이 굶어 죽어 가고 있으며, 부모가 자식을 내버리는 일도 흔하다. 함경북도 출신의 한 여성의 고백을 소개한다.

조선의 생활은 말이 아니었다. 굶주림으로 허덕이다 못해 길바닥에 쓰러져 죽은 사람도 흔했다. 또 거리마다 기차역마다 굶주린 배를 부여잡고 있는 때투성이 거지 꽃제비들이 천지였다. 그 꽃제비들은 거의 다 아버지나 어머니가 없거나, 있다 해도 키울 힘이 없어 내버린 아이들이었다. 먹을 것이 없어 들판에 풀뿌리나 벼 뿌리까지 다 파다 삶아 먹는 형편이니 어찌 사람이 살 수 있겠는가? 더 이상 이곳에서 견딜 수 없었던 나는 탈출의 길을 선택했다.

 1997년 12월, 나와 동생은 아이 하나씩을 업고 회령 아래쪽으로 해서 밤 1시경 강을 건넜다. 절반쯤 왔을 때 동생이 업은 아이의 신이 벗겨지는 바람에 아이가 울면서 "내 신! 내 신!" 하고 소리내는 통에 그만 발각되었고, 곧 뒤에서 자지러운(쉬지 않고 연속적으로 나는 소리) 총소리가 나면서 "서라! 서라!" 하고 고함치며 쫓아오는 것이 느껴졌다. 그들은 우리가 중국 땅에 들어서고도 30미터나 계속 쫓아왔다. 정신없이 뛰어 어디까진가 가서 안도의 숨을 쉬고 보니 아이가 없었다. 동생이 업고 오던 아이를 버렸다는 것이었다. 나는 너무도 기가 막혔다. 그렇다고 동생을 원망할 수도 없고 또 되돌아갈 수도 없으니 애타는 가슴만 치고 울었다.[3]

먹지 못해 죽어 가는 사람들이 허다한데 오죽하면 부모가 자식을 키울 힘이 없어 버리겠는가? 그만큼 북한의 식량난은 우리의 상상을 초월한다. 필자가 만나 본 많은 탈북자들도 먹지 못해서 체격이 왜소하고 기형적으로 성장한 사람들이 많았다. 자신의 존재를 알지 못한 채 공산당의 부속품이나 소모품으로 살아가고 있는, 또 제대로 먹지 못해 불균형적으로 성장한 그들을 우리는 외면해서는 안 된다. 그들도 우리와 똑같이 하나님의 귀한 자녀들로서 인간답게 살아갈

3. 좋은 벗들, 「두만강을 건너온 사람들」(서울 : 정토출판, 1999), pp. 99-100.

권리를 부여받았기 때문에 북한선교를 해야 하는 것이다.

민족통일을 앞당기기 위해서다

남과 북은 반세기가 넘도록 각자 다른 정치 체제에 살면서 서로 반목하고 미워하고 증오하면서 살아왔다. 헤어진지 두 세대가 지나는 동안 이제는 남과 북이 너무 이질화되어 동족이라기보다는 외국이라는 의식으로 살아가는 것이 도리어 자연스럽게 되어 버렸다. 북한은 정권의 특성상 '통일의 신화'[4]를 부르짖지 않으면 안되기 때문에 북한 주민들의 통일 의지는 남한 사람들보다 강하다. 가끔 TV에 나오는 북한 주민들이 미 제국주의하에 신음하는 남조선 동포를 속히 구하기 위하여 조국 통일을 해야 한다며 눈물을 글썽이는 것을 보아도 알 수 있다. 이에 반해 남한 주민들은 실제 통일을 별로 달가워하지 않고 있다.

통일 교육을 하다 보면 참석자들 대부분이 통일을 원치 않는다고 말한다. 못사는 북한과 통일을 해서 별로 이득 될 것이 없고, 또 통일 비용도 많이 들기 때문이라는 것이다. 굳이 못살고 거친 북한 사람들과 함께 살기 싫다는 것이다. 손해를 보면서까지 통일하기보다는 우리끼리 그냥 현재 분단된 채로 사는 것이 더 낫다는 것이다. 분단이 오래 지속되다 보니 통일이 자연스러운 것이 아니라 이제는 분단이 자연스럽게 된 것이다. 그러나 하나님께서는 남과 북이 하나 되기를 소원하신다. 믿는 자들은 세상의 관점처럼 분단으로 안일하게 살아가기보다는, 하나님의 마음을 품고 깨어진 남

4. 한화룡 박사는 북한은 주민들을 4가지 신화, 즉 '해방의 신화', '승리의 신화', '낙원의 신화', '통일의 신화'를 가지고 통제한다고 분석하고 있다. 한화룡, 「4대 신화를 알면 북한이 보인다」(서울 : IVP, 2000).

북이 서로 화해하고 용서하여 참다운 민족 통일을 이룰 수 있도록 기도해야 한다. 그래서 우리 믿는 자들이 먼저 북한을 품고 기도할 때 통일에 대해 냉랭한 남쪽의 분위기를 바꿀 수 있을 것이다.

그들을 위한 하나님의 특별한 계획이 있다

북한은 하나님께서 특별히 당신의 계획을 위해 준비해 놓으신 국가다. 한국선교를 위해 평생을 헌신하신 오대원(David E. Ross) 목사는 그의 책 「두려움의 집에서 사랑의 집으로」에서 "세상을 향하신 하나님의 계획에 있어 아마도 북한보다 더 전략적인 나라는 없을 것이다. 하나님은 북한을 사랑하신다. 또한 이제 곧 선교사들, 특히 세상에 여태껏 본 적이 없는 급진적인(radical) 새로운 부류의 선교사들이 북한 땅에서 일어나 세계 민족에게로 나아갈 것이다. 이들은 우리 대부분이 상상조차 할 수 없을 정도로 고통을 겪어 온 청년들로, 하나님께서는 세상을 변화시키는 데 그들을 사용하실 것이다!"라며 북한선교의 새로운 비전을 제시하고 있다.[5]

5. 오대원, 「두려움의 집에서 사랑의 집으로」(서울 : 예수전도단, 2002), p. 7.

그렇다. 이제 우리 한국인들은 풍요로운 삶을 살다 보니 험한 지역의 선교사로 나가기를 꺼려하고 있다. 하지만 북한 동포들은 우리가 상상할 수 없을 정도로 어려운 환경 속에서 살고 있기 때문에 그들이 복음화 될 경우 오 목사의 주장처럼 정말 급진적이고 폭발적으로 세계선교 사역의 새로운 지평이 열릴 것이다. 이제 우리는 우리의 좁은 눈으로 북한을 바라볼 것이 아니라 하나님의 눈으로 북한을 바라보아야 한다. 하나님께서 북한의 젊은이들을 통해서 이루실 그 놀라운 사역들을 일으킬 기대를 가지고 북한선교를 준비해야 할 것이다.

그들에게 진 빚을 갚기 위해서다

북한은 한국 기독교의 뿌리자 모태다. 평양은 한때 동양의 예루살렘이라고 불리기도 했다. 그러한 북한 땅이 김일성에 의해 공산화되면서 교회는 폐쇄되고 기독교인들은 핍박을 받아 남한으로 내려왔다. 그 결과 남한 전체 인구의 1/4이 기독교인이 되는 놀라운 복음의 역사를 가져 왔다.

초대 교회 북한 성도들은 조선 전체의 복음화를 위해 기도했을 것이다. 그 눈물의 기도가 남한 땅에서 이루어지고 있는 것이다. 이제 남한의 교회와 기독교인들은 남한 번영의 태(胎)를 제공한 어머니와 같은 북한에 대해 사랑의 빚을 갚아야 할 때다.

성경에서 사랑의 빚 외에는 지지 말라고 한 말씀을 기억해야 할 것이다. 신앙적으로 북한에 대해 사랑의 빚을 지고 있는 우리가 이제 그 빚을 갚을 때가 온 것이다. 이것이 북한선교를 해야 하는 또 하나의 이유다.[6]

6. 오대원, 「북한을 사랑하시는 하나님」 (서울 : 예수전도단, 1999), p. 7.

ㄹ. 북한선교, 이렇게 하고 있다

한국 교회나 많은 선교 단체들이 오래 전부터 북한선교를 위해서 다양한 전략을 구사하여 왔다. 이들이 전개하고 있는 북한선교 현황을 살펴보면 다음과 같다.

교단 및 개 교회 차원의 북한교회 재건 운동

각 교단과 개 교회에서 북한교회 재건을 서두르고 있다. 북한교회 재건은 교회가 없는 곳에 교회를 세우는 것이 아니라, 과거 북한에 있었던 교회를 다시 세우는 것을 뜻한다. 한국교회는 통일 준비와 민족 선교의 하나로 한국기독교총연합회(이하 한기총)가 주축이 되어 지난 1995년 5월부터 북한교회 재건 운동을 펼치고 있다. 2000년 6월 현재까지 한기총 북한교회 재건위원회가 발굴한 북한에 재건할 교회는 총 3,040개로 추정되고 있다.

한기총이 전개하고 있는 북한교회 재건 운동은 한국교회의 대북 선교 사업 가운데 가장 관심을 모으고 있는 사업이다. 한기총 소속 개 교회나 성도들이 성전 건축에 필요한 헌금만 하면 그 소임을 다하는 것으로 생각하고, 아직도 구호 활동 차원에서 헌금하는 경우가 대부분이다. 문제는 북한교회의 재건을 남한 사람들이 다해 버리면 북한 성도들은 할 일이 없어진다는 데에 있다. 한기총 북한교회 재건위원회는 이러한 문제점을 해결하고자 '북한교회 재건은 북한 성도들에 의해'라는 캐치프레이즈를 내걸고 네비우스 선교 원칙(Nevius Mission Plan, 자치·자전·자양·성경 중심)[7]을 선언하였다.[8]

그러나 현실적으로는 교단 단위, 개 교회 차원에서 경쟁적으로 북한교회 재건 운동을 전개하고 있는 실정이다. 이러한 문제점에 대해 한기총 남북교회 협력위원회 박요셉 선교 국장은 "성도 없는 성전이 어찌 하나님 보시기에 아름답겠는가?"라고 지적하면서, "한국교회는 앞으로 이 운동을 전개하면서 정복적이고 지배적인 자세에서 벗어나 섬김의 자세로 임해야 할 것"이라며 북한선교에 임하는 자세에 대해 잘 제시하고 있다.[9]

이 밖에도 한기총이나 개 교회 차원에서 또는 선명회, 남북나눔운동, 에스라운동, 기아대책기구, 이웃사랑선교회, 한민족복지재단 등과 같은 단체에서 알게 모르게 북한에 식량이나 의료품, 의류, 농산물, 농기구 등을 보내는 선교 활동을 하고 있다.

중국을 통한 북한선교

또 하나의 북한선교 방법은 중국이나 제3국에 나와 있는 탈북자들을 전도하여 북한으로 다시 보내거나 한국으로의 입국을 도와주는 방법이다. 이 일은 개 교회나 선교 단체에서 많이 하고 있다. 대표적인 선교 단체가 〈예랑선교회〉나 〈모퉁잇돌선교회〉, 〈예수전도단〉(YWAM), 〈한국대학생선교회〉(CCC), 〈죠이선교회〉(Joy Mission) 등이다. 이들 선교

---

7. 19세기 말 한국에 파견된 선교사들을 위해 미국 북장로회 선교부가 중국에서 활동하던 네비우스(John L. Nevius) 선교사의 제안에 따라 채택한 선교 정책으로, 선교 사업의 궁극 목적을 '독립적이고 자립적이며 진취적인 토착 교회 형성'에 두고, 선교 정책의 기본 이념으로 자진 전도, 자력 운영, 자주 치리(治理)의 세 가지를 둔 선교 정책을 말한다.
8. 〈국민일보〉, 2000. 6. 16.
9. http://www.kehc-news.co.kr/news/1999/261/%C0%E7%B0%C7%B4%EB%C8%B8.htm

단체들은 그 동안 많은 어려움을 무릅쓰고 불모지와 같은 중국 내 탈북자 사역을 해왔다. 그들의 숨은 노력으로 많은 탈북자들이 한국으로 왔으며, 그들 중 상당수는 그때 받은 영향력 때문에 기독교에 대해 좋은 감정을 가지고 신앙 생활을 잘하고 있다.

지난 5월 8일 중국 선양(瀋陽) 주재 일본 총영사관에 진입했다가 체포된 이성희 씨 등 장길수 군의 친척 5명이 5월 23일, 인천 공항을 통해 입국했다. 그때 취재진이 입국 소감을 묻자 입국자 중 한 명인 김광철 씨는 "우선 하나님께 감사하고 두 번째로 북한을 탈출하는 데 도와준 사람들에게 감사한다"고 말했다.[10] 기독교를 접해 본 적이 없는 이들이 한국에 오게 된 것에 대해 먼저 하나님께 감사드린다고 고백하게 된 배경에는 많은 선교사들의 눈물어린 헌신과 봉사가 있었기 때문이다. 만약 그들의 섬김이 없었더라면 길수 군의 친척들이 한국에 올 수도 없었을 뿐 아니라 하나님을 만날 수도 없었을 것이다.

필자가 교제하고 있는 탈북자 중 한 일가족의 이야기다. 이 일가족이 중국에 숨어 있을 때, 북한을 탈출한 어린이를 구하기 위해 그 더운 여름날 3일씩 금식하고, 추운 겨울 다 떨어진 구두에 발이 꽁꽁 어는데도 아랑곳하지 않고 자신들을 섬기는 선교사를 보고 이 사람이 무엇 때문에 이렇게 하는지 의문을 품었다고 했다. 나중에 그 이유를 알고는 하나님을 믿기로 했다고 고백했다. 그들 가족은 그때 선교사로부터 배운 믿음을 토대로 모범적인 신앙 생활을 하고 있다. 그러나 실제로 중국이나 제3국에서의 탈북자를 통한 선교

10. 〈조선일보〉, 2002. 5. 23.

사역은 그렇게 쉽게 이루어지지 않는다. 여기 중국에서 탈북자 선교를 하고 있는 어느 선교사의 눈물어린 선교 편지를 소개한다.

우리는 이 골짝 저 골짝으로 피해 다니며 예배를 드립니다. 우리의 처소 교회들은 상당수가 폐쇄되고 삼자 교회로 허가를 받고 운영하던 교회들도 간판을 내려야 하는 처지에 있습니다. 이유는 탈북자들을 숨기고 돌보아 주었다는 것입니다. 교회 책임자들은 벌금을 물고, 더러는 지금까지 취조를 받고 있는 실정입니다.

교회 하나하나를 세워 나갈 때는 허리끈을 졸라매면서도 주의 나라를 세워 간다는 기쁨 때문에 배고픈 줄 몰랐는데, 지금은 이리 쫓기고 저리 숨으면서 당에서 허물어 버린 예배 처소를 쳐다보면 눈물만 나옵니다. 그러나 농사철이 시작되었어도 교우들은 흩어지지 않고 이 골짝 저 골짝으로 피해 다니며 예배드립니다. 핍박이 심해실수록 더 열심이고 오히려 더 은혜스럽습니다. 찬송을 부를 때는 모두 눈물을 흘립니다. 주님이 우리와 함께 계심을 피부로 느낍니다.

지금 두만강변은 삼엄한 통제로 인해 강 건너 이쪽과 저쪽의 왕래가 두절된 상태입니다. 이런 어려운 상태에서 강 건너 함경북도 무산에는 다섯 집에 한 집 꼴로 염병과 이질로 사람들이 누워 있다는 보고가 긴밀하게 들어 왔습니다. 날씨가 풀리고 따뜻해지자 또다시 장티푸스와 콜레라가 창궐하기 시작한 것입니다. 무산시 인구가 7만이니 줄잡아도

1만 명은 질병에 시달린다는 계산입니다. 이어서 청진, 함흥에서부터 돌림병이 돌기 시작해서 국경 지역까지 번져 왔다는 보고도 접수되었습니다. 평양으로부터 지원을 받지 못하는 함경남북도 일대는 전염병이 한번 돌면 서리가 내릴 때까지 속수무책입니다. 약 한 첩 써 보지 못하고 죽는 날만 기다리는 실정입니다.

우리 ○○ 선교회에서는 급한 대로 1만 명분의 의약품(약 2천만 원 상당)과 1천여 벌의 의류를 비밀 루트로 급히 공급했습니다. 그러나 이번 여름을 또 어떻게 질병과 싸울 것인지 막막합니다. 북한에서는 죽어나는 것이 죄 없는 백성들입니다. 굶주림에 시달릴 대로 시달려 쇠하여진 기력에 돌림병에 한번 걸리면 회복이란 거의 불가능합니다. 어찌해서 우리 민족이 이 지경에 이르렀는지 우리 모두 회개하고 하나님에게 자비를 구해야 할 때인 것 같습니다. 모든 회원들은 비참하게 죽어 가는 북녘의 동족을 위해 무릎 꿇고 기도해 주시기 바랍니다.[11]

또 이들 선교 단체는 북한에서 온 주민이나 고아들을 신앙으로 양육시켜 통일 이후의 북한선교를 준비하고 있다. 아울러 북한 지하교회에 성경을 보내거나 탈북자들을 복음화시켜 다시 북한에 들여보내는 힘든 선교 활동을 하고 있다. 그밖에 두레 공동체의 김진홍 목사나 김순권 옥수수 박사는 북한에 직접 농장을 세우거나 개량된 옥수수를 제공함으로써 간접적으로 하나님의 사랑을 실천하면서 북한 동포들을 돕고 있다.

11. http://www.yerang.net/index-frm.htm

방송을 통한 북한선교

정치적인 이유 때문에 선교 활동에 많은 제약이 따르는 지역에서는 복음 라디오 선교 방송이 큰 역할을 담당한다. 오랫동안 방송 선교에 종사해 온 윌리엄 미알(William Mial)은 선교 라디오를 통해 스리랑카에서 보낸 Trans World Radio 방송 결과 인도에 교회가 개척되었다고 하였다.[12] 그만큼 선교사가 들어가 활동하기 어려운 나라에서는 방송 선교가 효과적이라는 것이다. 그런 관점에서 보면 북한에도 방송을 통한 선교가 보다 효과적일 수 있다.

방송은 상호간에 의사소통을 할 수 없다는 단점이 있으나 사람이 갈 수 없는 곳까지 가는 장점이 있다. 필자는 10년 전 들은 중국의 모 대학 K 총장의 간증을 지금도 생생하게 기억하고 있다. K 총장이 북한을 방문했을 때 어떤 사람이 찾아와 좀 보자고 해서 만났는데, 그는 자신이 남한 방송 중 극동방송을 청취하여 상부에 보고하는 사람이라고 밝혔다는 것이다. 그런데 그는 "극동방송을 계속 들으면서 마음의 평안을 느꼈으나 나중에는 방송을 듣지 않으면 불안해졌다"고 고백하면서, 자기가 왜 그러는지 모르겠다고 하더라는 것이었다. K 총장은 그에게 하나님께서 당신을 부르시고 계시는 것이라 설명해 주었고, 그가 하나님을 믿겠다고 해서 세례를 주고 왔다는 것이다. 이러한 사건은 방송을 통하지 않고서는 불가능한 일이다. 이와 같이 하나님의 복음 사역은 우리의 생각과 상상을 초월하여 일어나고 있는 것이다.

또 필자가 아는 탈북자 중 한 명도 중국에서 숨어 다닐 때

---

12. 랄프 윈터·스티브 호돈, 「Mission Perspectives」(서울 : 예수전도단, 2000), pp. 540-541.

극동방송을 듣고 "만약 하나님이 살아 계시다면 나를 한국으로 가게 해달라. 그러면 하나님을 믿겠다"고 기도했다고 한다. 그는 결국 그 기도의 응답을 받아 한국에 무사히 왔고, 지금은 북한선교를 위해 신학교에 다니고 있다. 이와 같이 기독교의 복음을 전하는 방송은 우리가 갈 수 없고 또 성경책의 반입이 불가능한 북한에 큰 선교 역할을 하고 있는 것이다.

제3국을 통한 북한선교

남한 사람은 특별한 경우가 아니면 북한에 들어가기가 쉽지 않다. 그러나 미국 시민권을 가진 동포나 외국인들은 우리보다는 자유롭다. 이들은 북한에 고아원과 양로원을 세워 고아와 노인을 돌보거나 병원을 세워 간접적으로 하나님의 사랑을 전하고 있다. 그 대표적인 사람이 한국 예수전도단(YWAM)을 만든 오대원 목사와 의료 재단을 만들어 북한 주민들을 돕고 있는 박세록 장로다. 오대원 목사 부부는 1961년 한국에 선교사로 들어와 한국 복음화에 크게 기여하였고, 예수전도단을 설립하여 많은 젊은이들을 선교사로 파송하였다. 그는 1986년 미국으로 건너가 시애틀에 안디옥선교훈련원(AIIM)을 세워 한인 1.5세와 2세들 및 외국인들을 상대로 북한선교를 위한 사역을 감당하고 있다.

한편, 고향이 이북 원산인 박세록 장로는 서울대 의대를 졸업한 후 미국 미시간 주 웨인 주립대학 의과대학 교수로 있으면서 1989년 평양을 방문하고 북미의료선교회를 만들어 북한 주민들을 위한 의료 사업을 하면서 하나님의 사랑을 실천하고 있다.[13] 그밖에 우리에게 탈북자 도우미로 알려진 노르베르트 폴러첸(Norbert Vollertsen) 박사가 소속되어 있는 독일의 〈긴급 의사회〉(KCA)나 프랑스의 〈국경 없는 의사회〉(MSF) 등 외국의 북한선교 단체들이 활동하고 있다. 현재 이 단체들은 주로 식량 공급이나 의료 사업 등을 주로 하고 있는데, 직접적으로 북한 주민들에게 복음을 전하는 것은 북한 체제 특성상 어려운 실정이지만 간접적인 효과는 있을 것으로 보인다.

국내에 들어온 탈북자를 통한 북한선교

최근 연일 매스컴의 보도를 통해서 알 수 있는 바와 같이, 탈북자들의 입국이 급격히 증가되고 있다. 지난 5월 17일 〈KBS 박찬숙입니다〉라는 라디오 대담에 출연한 정세현 통일부 장관은 해외 탈북자들의 입국이 문제가 아니라 국내에 입국한 탈북자들의 남한 정착이 실제 더 큰 문제라고 지적했다. 정 장관은 현재 우리 사회나 기업들이 탈북자들에게 냉랭한 것이 사실이라고 지적하면서, 탈북자 관련 주무장관으로서 고충을 털어놓았다.

여러 해 동안 탈북자들을 접해 온 필자도 정 장관의 견해에 전적으로 공감한다. 독재자 차우셰스쿠가 이끌던 루마니아가 몰락하고 급격한 자본주의로의 개혁을 추진하고 있는 과정의 가장 큰 걸림돌은 그들의 사고방식이 여전히 사회주의적이라는 것이었다.[14] 아마도 통일이 되었을 때 우리가 겪

---

13. 박세록, 「사랑으로 조국은 하나다」(서울 : 홍성사, 2001).
14. 〈조선일보〉, 2001. 12. 11.

게 될 혼란은 루마니아보다 더 심각할 것이다. 이러한 혼란을 미연에 방지하기 위하여 주님께서는 탈북자들을 우리에게 보내 주셨는지 모른다. 그럼에도 불구하고 한국교회나 정부, 사회 단체에서 이들을 잘 수용하지 못해 탈북자들이 우리 사회에 정착하는 데 많은 어려움을 겪고 있다.

필자가 경험한 바에 의하면 북한 주민들은 우리가 생각하고 있는 사람들과 다르다. 다시 말해서 남한의 많은 사람들은 북한 주민들을 단지 공산 치하에서 못 먹고 굶주림 속에서 살아 온 불쌍하고 순수한 사람들이라고 생각하고 있다. 그러나 북한 주민들을 오래 동안 접해 본 사람들의 공통된 의견은 그들은 우리가 머릿속으로 그리고 있는(wishful thinking) 그런 사람들이 아니라는 것이다. 분단이 너무 오래 지속되다 보니 서로가 서로를 잘 모르고 있는 것이다. 연세대학교 통일연구원과 조선일보 통한문제연구소가 공동으로 탈북자 533명을 대상으로 한 설문 조사에서 "남한 사람들이 북한 사회를 잘 이해하고 있는 것 같은가?"라는 물음에 불과 7%가 그렇다고 답한 반면, 79%가 아니라고 대답해 남한 사람들이 얼마나 북한을 이해하지 못하고 있는가를 보여주고 있다.[15] 북한을 잘 이해하지 못하고서는 북한선교를 제대로 하기 어렵다. 따라서 북한을 바르게 이해하기 위해서는 남한에 와 있는 탈북자들과 깊은 교제를 할 필요가 있다.

필자는 그들과 교제하면서 북한에서 넘어온 탈북자들을 복음화시켜 그들로 하여금 북한선교 사역에 뛰어들게 하는 것이 훨씬 더 효과적이라는 확신을 갖게 되었다. 오대원 목사와 필자가 북한선교연구원(NKMI)을 만든 이유도 여기에

15. 〈조선일보〉, 2001. 12. 13.

있다. 순복음교회 〈선한 사람들〉에서도 이러한 중요성을 깨닫고, 〈굿피플 대학〉(Good People World Family)을 만들어 통일 선교사를 양육하고 있다. 그밖에 한기총의 〈통일선교대학〉도 통일 선교사 양성을 위해 노력하고 있다.

이러한 준비 없이는 올바른 북한선교가 제대로 이루어질 수 없을 것이다. 그 나라의 언어와 문화를 알지 못하면 선교를 제대로 할 수 없다. 우리가 북한을 같은 민족이기 때문에 잘 알고 있다고 착각하는 것이 북한선교의 중요한 장벽이 될 가능성이 높다. 따라서 우리는 북한선교를 위해서 국내에 있는 탈북자들에게 관심을 가져야 할 것이다.

3. 북한선교, 이렇게 해야 한다

하나님을 믿는 이 땅의 그리스도인들에게 북한선교는 피할 수 없는 하나의 시대적 소명이라 할 수 있다. 앞서 지적한 바와 같이 북한선교는 다양한 방법으로, 다양한 단체들에 의해서 이루어지고 있으나 극복해야 할 문제점들 또한 적지 않다. 이를 살펴 보면 다음과 같다.

북한에 대한 인식의 전환이 필요하다

먼저 북한에 대한 인식의 전환이 필요하다. 그 동안 남북한은 상호 같은 민족임에도 불구하고 정치적 이유 때문에 총부리를 맞대고 서로 미워하고 증오하며 불신해 왔다. 여기서 우리가 기억해야 할 것은 북한은 이중적 실체를 가진 국가라는 것이다. 즉, 한편으로는 '같은 민족(同族)'이요 다른 한편으로는 '적(敵)'이라는 것이다. 이 균형적 인식을 갖지 않으면 북한 사회를 이해하기 어렵고 북한선교도 혼선을 가져올 수 있다.

여기서 '같은 민족'이란 우리는 오랫동안 단일 민족 단일 핏줄을 이어온 민족이라는 뜻이다. 또 한편 총부리를 맞대고 있기 때문에 '적'이라는 것이다. 적이 아니고서는 총부리를 맞댈 필요도 없을 뿐 아니라 휴전선에 120만 군대가 대치할 필요가 없는 것이다. 그러나 우리가 적이라는 현실을 무시하고 같은 민족이라는 사실만을 강조하게 되면 전쟁이 일어날 가능성이 높고, 또 적이라는 현실만을 강조한 채 동족임을 잊어버리면 통일을 이루기는 어렵다. 그래서 우리는 북한의 이중적 실체를 냉철한 이성적 토대 위에서 분석하고, 아울러 북한 체제하에 고통받는 2천만 북한 동포에 대해서는 바울처럼 뜨거운 핏줄의 동포애를 가져야 할 것이다.

이제 우리는 그 동안의 반목과 대결의 시대를 정리하고 민족이 서로 더불어 사는 통일의 시대로 나아가야 할 것이다. 하나님께서는 우리 민족이 하나 되기를 원하신다. 우리가 예수 그리스도의 보혈의 피로 하나님과 화목케 되고 또 치유 받았으므로, 우리는 서로 용서해야 한다. 정치적 이유로 피를 나눈 동족끼리 전쟁을 벌였던 서로의 과거를 용서하고 화목의 길로 나아가야 할 것이다. 이제 남북한 모두 한국전쟁을 치른 세대들이 사라져 가고 있다. 이 시대를 이끌어 가고 있는 젊은 세대들은 전쟁을 경험하지 못했기 때문에 서로 용서하고 화해할 수 있는 가능성이 그 어느 때보다 높다. 무엇보다도 "나는 너희에게 이르노니 너희 원수를 사랑하며 너희를 핍박하는 자를 위하여 기도하라"(마 5:44), "화평케 하는 자는 복이 있나니 저희가 하나님의 아들이라 일컬음을 받을 것임이요"(마 5:9)라는 주님의 말씀처럼, 북한을 미움과 증오의 대상이 아니라 용서와 사랑의 대상으로 봐야 할 것이다.

종의 자세로 섬겨야 한다

분단 이후 남북한은 서로 다른 모습으로 변하였다. 북한은 세계 최하위권의 빈국으로 수백만의 주민이 굶어 죽어 가고 있으며, 외부의 식량 원조가 없으면 살아가기가 어려운 나라다. 반면 한국은 1인당 GNP가 1만 불에 가까우며 세계 13위의 경제력을 가진 나라로, 북한과 비교할 수 없을 정도로 풍요를 누리고 있다. 이러한 경제 성장으로 인하여 남한 주민들은 북한을 못사는 나라라고 경멸하며, 북한 사람들을 볼 때도 업신여기는 경향이 많다. 많은 탈북자들이 남한 사람으로부터 냉대를 받고 있다고 생각하고 있으며, 더불어 살기 어렵다고 느끼고 있다.

이러한 경향은 하나님을 믿는 우리도 믿지 않는 사람들과 별다른 차이가 없는 것 같다. 이같은 마음 자세를 가지고 북한선교의 사역을 하게 되면 성공하기 어려울 것은 자명하다. 필자는 교회 집사들이나 장로들이 탈북자들을 함부로 대하거나 비하해서 말하는 경우를 많이 보아 왔고, 그로 인하여 탈북자들이 상처받고 교회를 떠나는 경우도 많이 보아 왔다.

한번은 어느 집사님이 탈북자들과 함께 식사를 하면서 젓가락을 들고 "북한에도 이런 젓가락이 있어요?"라고 물었다. 그러자 함께 있던 한 탈북자 형제가 잠시 머뭇거리다가 "북한에도 금 젓가락 은 젓가락 다 있습니다"라고 대답하면서 불쾌해 했다. 그 집사님은 별다른 생각 없이 말했으나 탈북자들은 자신들을 업신여긴 것으로 간주한 것이다. 이러한 사소한 일들이 탈북자들의 남한 정착을 어렵게 하고, 나아가 북한선교를 어렵게 하는 이유가 되고 있다. 우리들 대부분은 자신도 모르게 우리가 북한보다 잘 산다는 오만하고 교만한 마음을 가지고 있다. 그러한 마음가짐으로는 북한선교의 빗장을 열기 어려울 것이다. 북한선교에 임하는 자세에 대하여 오대원 목사는 다음과 같이 말하고 있다.

> 북한으로 들어가는 문은 열려 있지만, 모두에게 그런 것은 아니다. 하나님의 사랑으로 들어가는 자들은 정복자가 아닌 종으로 들어가야 할 것이다. 이전에 소련을 구성했던 많은 나라들 중 한 나라의 어떤 크리스천 리더는 이렇게 말했다. "우리 나라에 들어오는 크리스천 사역자들 중에는 두 부류가 있습니다. 하나는 정복자로 들어오는 부류입니다. 그들은 우리에게 호의를 베풀려는 목적으로 이미 다 만들어진 프로그램을 갖고 들어옵니다. 많은 돈을 가져와서 바로 큰 사업 계획들을 시작하고 싶어하죠. 하나님의 사랑보다는 그 자신이 속한 기관의 영광을 반영하는 큰 교회 건물, 큰 신학교들과 다른 건축물들을 세우고 싶어합니다. 우리가 느끼기에 그들은 자신들의 야망만을 만족시키고 자신들의 개인적인 사역만을 일으키고 싶어하는 것 같습니다."
>
> 그는 계속해서 말했다. "다른 부류의 사람들은 종으로 들어오는 자들입니다. 그들은 배우려 옵니다. 우리를 알고 싶어하고, 우리가 정말 어떤 사람들인지 보기를 원하죠. 그들은 우리의 고통 가운데 들어오려고 합니다. 그리고 나서 우리와 함께 하나님께서 우리 나라에 무엇을 행하시고자 하는지 묻습니다. 우리는 이 두 번째 부류를 선호합니다."[16]

그렇다! 이 리더의 말처럼 정복자, 지배자로서가 아니라

16. 오대원, 앞의 책 (2002), pp. 57-58.

주님께서 우리를 섬긴 것같이 종의 자세로 북한을 섬길 때 성령께서 역사하실 것이다.

북한선교 사역자들 간에 협력이 필요하다

북한 사역이나 선교 사역을 하는 분들의 고충을 들어보면 선교 사역의 문제는 외부에 있는 것이 아니라 내부에 있다고들 한다. 오랫동안 북한에서 의료 선교를 해 온 박세록 장로는 자신을 힘들게 한 것은 북한 주민들이나 북한 당국이 아니라 자기와 함께 사역하던 사람들이라고 고백하고 있다. 함께 사역하던 사람들이 공명심으로 독자적으로 사역하겠다며 자기의 곁을 떠나가는 것이 가장 힘들었다는 것이다.[17]

한국 선교사들은 열정이 강한 만큼 세계에서 가장 협력하지 못하는 선교사, 가장 잘 싸우는 선교사로 널리 알려져 있다. 한국 선교사가 복수로 파송되어 있는 피선교국의 현지 교회마다 "한국 선교사들이 열정적이고 훌륭하나 제발 서로 싸우지 말고 모함하지 말고 같이 협력해 달라"는 호소를 하고 있다. 북한 땅은 한국교회에 있어서 절대 양보할 수 없는 고토(故土)기 때문에 그 경쟁과 다툼의 치열함이 어떠할 것인가는 불을 보듯 뻔하다. 통일의 문이 열리면 각 교단, 각 교회들이 앞다투어 들어갈 것이다.[18] 물론 선의의 경쟁은 바람직할 것이나 평신도의 눈에 비친 교단과 교회간의 분열과 분쟁을 과연 하나님께서 기뻐하실까 하는 의문이 든다. 화평을 위해서 오신 예수님의 모습을 본받아야 할 교회나 선교 단체들이 분열하며 서로 싸우는 것은 참으로 역설적이

17. 박세록, 앞의 책, p. 185.
18. 김현웅, 「북한선교 전략」(전주 : 전주대학교 출판부, 2001), pp. 362-363.

다. 이제 우리는 북한의 선교 사역을 시작하기 전에 서로의 사역을 존중히 여기고 협력해야 할 것이며, 아울러 자기의 명예와 권위를 내려놓고 오직 주님이 주시는 마음, 즉 종의 자세로 내려가 북한 주민들을 섬겨야 할 것이다.

전문적인 선교 인력을 양성해야 한다

선교를 함에 있어 그 사회에 대한 올바른 이해가 없이는 여러 가지 어려움을 겪게 될 것이며, 그러한 시행착오를 겪다 보면 많은 시간을 허비하게 될 것이다. 그래서 우리는 선교사로 가기에 앞서 그 나라의 언어와 문화를 배우고 많은 준비를 갖추게 된다. 그러나 많은 사람들이 북한의 선교는 너무 쉽게 생각하는 것 같은 느낌이 든다. 앞에서 지적한 바와 같이, 북한선교는 별도로 준비하지 않아도 같은 민족이고 같은 문화를 공유하고 있기 때문에 잘 될 것으로 생각하기 때문일 것이다. 여기에 북한선교의 함정이 있다.

북한 주민들은 남한 주민들이 생각하고 있는 사람들이 아니다. 남한 주민들은 머릿속으로 북한 주민들을 상상하고 있지만, 이것은 착각이다. 분단 이후 오랫동안 서로 만나지 못하고 적대적 관계를 유지해 왔기 때문에 서로를 이해할 시간이 없었다. 이제 우리는 북한 사회와 주민에 대해 보다 객관적인 눈을 가져야 한다. 만약 우리가 북한에 대한 깊은 지식과 지혜 없이 선교하게 될 경우 서로 상처를 주고받게 될 것이고, 그렇게 되면 북한선교는 더욱더 어려워질 것이다. 따라서 우리는 냉철한 머리로 북한에 대한 객관적이고 전문적인 지식을 가져야 할 것이며, 아울러 주님을 사랑하는 뜨거운 가슴을 가져야 할 것이다.

또 이제는 북한선교를 위한 추상적이고 원론적인 이야기보다는 더욱 구체적이고 실제적이며 체계적인 접근을 해야 할 때라 생각된다. 이를 위해 무엇보다도 중요한 것은 선교에 필요한 사람들을 양육하는 것이다.[19] 북한에 대한 정보를 서로 교환하고 협력하여, 북한 땅에 분열과 싸움이 없는 용서와 화해, 평안을 주는 교회를 세우도록 노력해야 할 것이다.

19. 김영욱, 「21세기 전도 전략」(서울 : 기독교문서선교회, 2002), pp. 295-296.

3부 탈북자,
　　21세기 북한선교의 화두

조용관 박사

북한선교연구원 부원장(인천대 정외과 겸임 교수)

1. 탈북자 입국 현황과 정부의 지원 체계 / 109

2. 북한선교 전략으로서 탈북자들이 중요한 이유 / 114

3. 탈북자의 남한 적응 실태를 통해 본 북한 주민의 의식 구조 / 120

4. 탈북자 선교의 구체적 방안 / 150

1. 탈북자 입국 현황과 정부의 지원 체계

탈북자의 입국 현황

작년에 있었던 장길수 군 사건 이후 외국 공관으로 진입한 탈북자[1]들의 수가 증가되고 있으며, 급기야는 주중 한국대사관에까지 진입하는 사건이 발생하여 국제적 관심을 모으고 있다. 금년 7월 11일까지 한국에 입국한 사람만 해도 573명에 이른다.

탈북자의 국내 입국 규모는 1990년대 초반에는 10명 내외의 비교적 적은 인원이었으나 1990년대 중반을 기점으로 50명을 웃도는 수준으로 증가하다가 1990년대 말에 들어서는 100명을 넘으며 급증하기 시작했다. 특히 2001년도에는 2000년의 2배 정도인 583명이 입국하였고, 2002년에 접어들어 7월 11일까지 총 입국자는 2,563명이나 되며, 이중 사망자 197명과 이민자 35명을 제외한 총 2,331명이 국내에 거주하고 있다.

[표 1] 국내 입국 현황(2002. 7. 11. 현재)

연도	1989 이전	1990	1991	1992	1993	1994	1995	1996	1997	1998	1999	2000	2001	2002 (7월)	총입국	사망	이민	국내 거주
인원	607	9	9	8	8	52	41	56	86	71	148	312	583	573	2,563	197	35	2,331

[1] 북한을 탈출하여 남한으로 온 사람에 대해 과거에는 '귀순 용사', '귀순자' 등으로 불렀으나 1990년도 중반 이후부터는 일반적으로 '탈북자'로 부른다. 현재 정부의 공식 명칭은 '북한이탈주민'으로 되어 있으나 탈북자 스스로 이 같은 명칭들을 싫어하여 '자유 이주민', '북한 이주민' 등으로 불러 달라고 요구하고 있으나 아직 통일된 명칭이 없는 실정이다. 여기서는 가치 중립적인 용어이며 일반적으로 사용되는 '탈북자'란 용어를 사용하였으며, 아울러 본인이 이름을 밝힌 경우를 제외하고는 그들의 신변을 보호하고자 가명으로 처리하였다.

탈북자들의 국내 입국이 계속 증가하는 이유는 기본적으로 북한의 식량난과 경제난 때문이지만, 동구 공산권의 붕괴와 중국을 통한 외부 정보의 유입, 입국 경로의 다변화 등도 주요 원인으로 작용하고 있다. 또한 국내외 연고 가족 등의 도움을 받아 가족 단위로 입국하는 사례가 증가하고 있는 것도 전체 입국자가 증가하는 요인이 되고 있다. 한편 북한을 탈출하여 해외에 거주하고 있는 탈북자의 숫자는 정확히 알 수 없으나 대략 5만 명에서 30만 명 선으로 추정하고 있다.

국내에 입국한 탈북자들은 국가정보원, 경찰청, 국방정보본부, 정보사, 기무사 등 5개 기관으로 구성되어 합동으로 운영하는 국방부 산하 〈대성공사〉에서 1주일 내지 1개월간 탈북 동기의 진위 여부를 판단하는 신분 조사 과정을 거친 후 크게 3단계에 걸쳐 우리 사회 정착에 필요한 지원을 받게 된다.

체제 적응 교육과 지원 체계

대성공사에서 합동 심문이 끝난 탈북자들은 탈북자 정착 지원 시설인 경기도 안성에 있는 〈하나원〉으로 옮겨, 약 2개월 동안 우리 사회에 적응하여 생활하는 데 필요한 기본적인 소양 교육을 받는다. 교육의 주 내용은 탈북 및 제3국에서의 은신·도피 생활 과정에서 겪은 심리적 불안과 자유민주주의 사회의 새로운 환경 변화에 따른 정서적 불안감을 해소하기 위한 심리 안정·정서 순화에 초점을 두고 있다.

또한 자유 민주주의·자본주의 사회에 대한 이해 부족, 언어·사고·생활 습관 등의 차이로 인한 문화적 이질감 해소에 교육의 중점을 두는 한편, 실생활에서 활용할 수 있는 현장 체험 교육과 진로 지도, 운전·전산·요리·봉제 등 기초 직업 훈련을 실시하고 있다. 이와 함께 최근 탈북자들의 가족 단위 입국이 급증하는 추세에 맞춰 여성, 아동 및 청소년 대상의 별도 교육 프로그램을 운영하여 이들이 사회 진출 후 학교 및 가정 생활에 바로 적응하여 생활해 나갈 수 있도록 지원하고 있다. 아동에 대해서는 교육 기간 중 하나원 인근 초등학교에 취학시켜 정상적인 학교 생활을 경험할 수 있는 기회를 부여하고 있으며, 청소년은 민간 단체 및 퇴직 교사의 자원 봉사 활동으로 별도의 학습 지도 프로그램을 운영하고 있다.

    그러나 이러한 하나원의 교육은 예산 부족과 협소한 수용 시설, 짧은 교육 기간, 전문가 부족, 인근 협력기관 부재 등으로 그 실효성에 의문이 제기되고 있다.[2] 정부에서도 이러한 문제점을 보완하기 위하여 민간 단체의 참여를 유도하고 있으나, 쉬운 문제가 아니다.

    하나원에서 소정의 사회 적응 교육을 마친 탈북자들은 우리 사회에 편입되기 전에 주거 지원금을 받고 임대 주택을 알선 받게 된다. 탈북자들이 받는 초기 생계 지원금은 월 최저 임금액(2001년 기준 42만 1천 490원)의 200배 범위 내에서 기본금과 가산금으로 구분하여 지급하고 있다. 기본금은 월 최저 임금액의 160배 상당액의 범위 안에서 세대 구성원의 수를 고려하여 1급에서 5급으로 구분하여 지급하고,

2. 하나원 교육에 대해 탈북자들의 불만이 많다. 또한 하나원 내에서 폭행, 강압에 의한 성관계 등 각종 사건들이 일어나고 있다. 김용삼, "탈북자 정착 교육 '엉망진창'", 「주간조선」(2001. 3. 8.), pp. 34-36.

가산금은 월 최저 임금액의 40배 상당액의 범위 안에서 탈북자 본인 및 세대 구성원의 연령, 건강 상태, 근로 능력 등을 고려하여 지급하고 있다. 그리고 탈북자가 국가 이익을 위하여 제공한 정보나 가지고 온 장비의 종류에 따라 2억 5천만 원의 범위 안에서 지급 지침에 의거하여 보로금(일종의 포상금)을 지급하고 있다.

이외에 정부에서는 탈북자들의 연령, 세대 구성 등을 고려하여 예산의 범위 안에서 85㎡(13-25평) 이하의 주택을 임대하는 데 필요한 주거 지원금을 지원해 주고 있다. 주거 지원금은 세대 구성원의 수에 따라 1급에서 5급으로 구분하여 각 급수별 평형을 임대하는 데 필요한 임대 보증금을 지원한다. 그리고 이들이 사회에 편입 됨과 동시에 대한주택공사 또는 각 자치 단체에서 건립하는 영구·공공 임대 아파트를 알선해 주고 있는데, 지방 거주를 권장하기 위해서 희망하는 자에게는 일정액의 지방 거주 장려금을 지급하고 있다.[3]

탈북자들은 서울 42.4%, 경기·인천 19.9% 등 수도권 지역에 62.3% 정도가 거주하고 있으며, 그 외 지방에 거주하는 사람은 경상 7.1%, 전라 4.3%, 충청 6.9% 등에 이른다.[4]

정부에서는 탈북자들의 생업을 돕기 위해 노동부의 협조를 받아 공·사 직업 훈련 기관을 알선 받아 원하는 직업 훈련을 받을 수 있도록 하고 있다. 이 때 직업 훈련의 참여율을 높이고 직업 훈련에 전념할 수 있도록 훈련 기간 중 직업 훈련 수당을 지급하고 있다. 특히 2000년부터는 탈북자를 고용하는 사업주에게 임금의 2분의 1(70만 원 범위 내)을 2

3. 정부는 최근 들어 국내에 입국하는 탈북자들이 급증함에 따라 재정 부담을 덜고 탈북자 간 정착 지원금 격차에 따른 위화감 조성을 막는 한편, 탈북자들의 한국 사회 적응을 적극 유도하기 위해 탈북자들의 지원금을 금년 6월 1일부터 탈북자와 그 직계 가족의 재산 및 사회 적응 상태, 정착 의지, 정착 지원 시설에서의 위반 행위 등을 고려해 최대 50%까지 삭감 지급할 수 있도록 했다. 그러나 이러한 정부의 결정은 탈북자 지원 정책의 일관성을 무시한 것으로, 평등 의식이 강한 탈북자들에게 많은 저항을 불러일으킬 것으로 보인다. 〈동아일보〉, 2002. 5. 27.
4. "북한이탈주민 보호 및 정착 지원"(2002. 3. 19), http://www.unikorea.go.kr/

년간 지원해 주는 취업 보호제를 실시하고 있어 생활에 많은 도움을 주고 있다.

또한 북한에서 이수하였던 학력을 인정하여 본인이 원하는 학교에 편·입학할 수 있도록 해주고 있으며, 학교에 편·입학한 사람에게는 학비를 전액 면제해 주고 있다.[5] 뿐만 아니라 사회 진출 후 희망자에 대해 의료 보호 대상자로 지정하여 질병 치료시 각종 의료비 면제 혜택을 받을 수 있도록 해 주고 있으며, 생계가 곤란한 사람에 대해서는 '국민기초생활보장법' 상의 특례를 인정하여 생활 보호 대상자로 편입될 수 있도록 적극 주선하여 생활에 안정을 기할 수 있도록 하였다.

이 밖에도 북한이탈주민 후원회를 통해 다양한 지원을 해주고 있다. 이 후원회를 통해 생활이 아주 어려운 자에게는 생활 보조금을 지급해 주고 있으며, 다양한 사회·종교 단체 등을 통해 각종 생활 상담, 취업, 결연 등 분야별로 특화된 지원을 해줌으로써 탈북자들의 안정된 정착을 지원하고 있으나 실제로 큰 효과를 거두지 못하고 있는 것으로 평가된다.

5. 정부에서 고등학교는 만 25세 미만, 전문대학 및 대학은 만 35세 미만인 탈북자가 소정의 절차를 거치면 무료로 학교에 다닐 수 있게 하고 있다. 그러나 최근 이들의 수학 능력이 문제가 되어 대학에서 받아들이기를 꺼려하고 있어 진학에 어려움을 겪고 있다.

ㄹ. 북한선교 전략으로서 탈북자들이 중요한 이유

남한에 이주한 탈북자들은 지역과 직업, 성분, 연령 등이 다르기 때문에 북한 주민들을 대표한다고 할 수는 없다. 1994년 이전에 입국한 탈북자들은 대부분 휴전선을 넘어온 사람들로서 군인, 무직자, 노동자 등이 많았으나 1994년 이후에 입국한 사람들은 대부분이 북한의 보통 사람인 노동자, 학생, 무직자, 외교관 등이다. 따라서 국내에 거주하고 있는 탈북자들이 지니고 있는 생각이나 의식 구조는 북한에 살고 있는 대다수의 주민들과 크게 다를 바 없을 것으로 보인다.

[표 2] 2001년도 국내 입국 유형별 현황

출신지	함북	함남	평안도	양강도 자강도	강원도	황해도	기타	계
인원	380	83	43	30	15	17	15	583(명)
비율	65.2	14.2	7.4	5.2	2.5	2.9	2.6	100(%)

직업	관리직	전문직	예술 체육	노동자	봉사 분야	군인	기타	계
인원	22	26	16	277	43	7	192	583(명)
비율	3.8	4.5	2.7	47.5	7.4	1.2	32.9	100(%)

출처 : http://www.unikorea.go.kr(2002. 3. 19.)

이러한 사실은 탈북자들의 의식 형태를 관찰함으로써, 북한 주민들의 의식 구조와 행동 양식을 추론해 볼 수 있음을 의미하는 것이다. 선교학적 측면에서도 탈북자 선교는 북한 선교를 사전에 체험할 수 있는 전초전 성격을 띠어 중요한 의미를 지니고 있는 것이다.

그 동안의 탈북자 연구는 그 대상 규모가 작고 연구가 포괄적이지 못하고 통합적이지 못하였을 뿐 아니라, 시간적으로 어느 한 시점에서 현상만을 측정하였기(cross-sectional) 때문에, 시간적 변화에 따른 변화를 측정할 수 없다는 한계를 지니고 있었다.[6] 이러한 관점에서 보면, 필자가 어떠한 체계적인 방법론을 가지고 탈북자에 대해 의도적으로 연구한 것은 아니지만, 비교적 오랫동안(만 7년 이상) 그들과 교제하면서 그들의 변화 과정을 보고 느낀 점을 서로 나누는 것은 그 나름대로의 의미가 있다고 생각된다.

민족적, 인도주의적 입장에서 도움이 필요한 사람들이다

같은 민족으로서 북한의 체제하에서 고생하다가 목숨을 걸고 남한으로 넘어온 탈북자들은 남한에 아무런 연고자도 없고 경제적 능력도 없는 경우가 대부분이다. 고향을 떠나 목숨을 걸고 체제가 다른 남한 땅으로 온 이들은 개인적 차원에서도 안정되고 행복한 삶을 살아야 남한에 온 보람이 있는 것이다.

그러나 불행하게도 많은 꿈과 기대를 안고 찾아온 남한 땅은 탈북자들에게는 약속의 땅이 아니었다. 최근 탈북자들

6. 전우택·윤덕용, "2001년도 북한이탈주민 사회 적응 조사", 「2001년도 북한이탈주민 사회 적응 실태 조사 보고서」(2001년 10월, 연세대학교 통일연구원), pp. 2-3.

중 남한 사회에 적응하는 것을 북한을 탈출하는 것보다 힘들어하여 해외로 이민 가고자 하는 사람이 늘고 있다. 탈북자 전영복 씨는 작년 12월 호주 이민국에 난민 신청을 했다. 그의 친구 탈북자 김 모(34) 씨는 "그는 함북 온성에서 탄광일을 하다가 목숨 걸고 두만강을 건넜지만, 오히려 한국 사회에 적응하는 것을 더 힘들어했습니다"라고 전했다.[7] 전 씨와 같이 탈북자들이 우리 사회에 잘 적응하지 못하는 이유의 상당 부분은 그들을 포용하지 못하는 남한 주민들의 책임이 크다. 따라서 민족적 차원에서, 그리고 인도주의적 측면에서 이들은 우리가 멸시하고 냉대해야 할 대상이 아니라 사랑하며 도와야 할 대상인 것이다.

남북한 사람들이 더불어 살 때 생길 문제들을 미리 보게 하고, 준비시킨다

남북한의 극단적인 분단과 북한의 폐쇄성으로 말미암아 남북한 사람들은 많이 이질화되어 있다. 따라서 통일 이후 남북한 사람들이 함께 어우러져 살아가게 될 때 서로가 힘들 것이라는 것은 불을 보듯 뻔하다.

조선일보 통한문제연구소와 연세대 통일연구원이 "통일이 되면 남북한 사람들은 함께 잘 살 수 있을까?"라는 주제로 작년 12월 12일 공동 주최한 심포지엄에서 전우택 교수가 발표한 논문에 따르면, 국내 탈북자 600명(실제 응답 533명)을 대상으로 실시한 생활 실태 및 의식 조사 결과, 탈북자들은 "통일이 되면 남북한 사람들은 함께 잘 살 수 있을

---

7. "北 탈출보다 한국 적응이 훨씬 힘들어", 〈조선일보〉, 2002. 4. 16.

까?"라는 물음에 68%가 회의적인 대답을 했다. 이들은 특히 "남한 사람들이 북한 사회를 잘 이해하고 있는 것 같은가?"라는 물음에 불과 7%만이 그렇다(매우 2%, 어느 정도 5%)고 답한 반면, 79%가 아니다(별로 41%, 전혀 38%)라고 답해 남한의 북한 이해가 시급함을 보여주었다.[8] 결국 이 연구는 남북한 주민이 서로를 잘 이해하지 못하고 있으며, 나아가 이러한 상태가 지속된다면 통일이 되었을 경우 남북한 주민이 더불어 살기 어려움을 이야기해 주고 있는 것이다. 따라서 탈북자들의 남한 사회 적응 과정은 통일 이후 어떤 현상이 생길 수 있는가를 좀더 실증적으로 예측하도록 해주는 일종의 '실험적 의미'를 지니고 있다.

탈북자들의 남한 사회 정착은 남북한 사람들의 통일 의식을 고취시킨다

남한과 북한 사람들은 서로 직접 만나 사귀고 함께 일해 본 경험들을 거의 가지지 못한 사람들이다. 남한 사람들은 매우 제한되지만 북한 사람들을 직접 만나 보고 경험할 수 있는 유일한 기회를 탈북자들을 통해서 가지게 된다. 그리고 그러한 탈북자들에 대한 경험을 통하여 남한 사람들은 북한 사람들에 대한 이미지를 가지게 되고, 더 나아가 북한이라는 나라, 북한과 통일에 대한 전체적 의견을 가지게 된다. 예를 들어 탈북자들이 남한 사회에 잘 적응하며 남한에 긍정적인 기여를 많이 한다고 생각하게 되면, 남한 사람들은 통일에 대해 긍정적이고 적극적인 태도를 가질 것이다.

[8] "'땅의 통일' 뿐 아니라 '사람 통일'도 준비", 〈조선일보〉, 2001. 12. 13.

이러한 영향은 북한 사람들에게도 마찬가지다. 탈북자들이 남한에서 어떻게 살고 있는가는 중국 동포들을 통하여 다양하고 자세하게 북한 사람들에게 전해지고 있다. 이러한 소문을 통하여 북한 사람들은 남한과 통일 그리고 통일 이후 자신들과 자기 자녀들의 삶에 대하여 많은 예상을 할 수도 있다. 또한 이렇게 되면 북한 사람들의 남한과 통일에 대한 태도와 입장에 큰 영향을 끼칠 가능성이 있는 것이다. 따라서 탈북자들의 남한 사회 정착은 통일의 마지막 단계라 할 수 있는 '사람의 통일'을 이루는 데 중요한 의미를 지니고 있는 것이다.

남한과 북한 모두를 경험하고 이해한 '중간 집단'으로서 통일 후 독특한 역할을 할 수 있다

일반적으로 탈북자들은 통일 이후에 북한 사람들에게 환영받는 존재가 되지는 못할 것이라 생각하고 있다. 그러나 많이 이질화되어 있는 남한과 북한 사람들에게 양쪽을 서로 이해할 수 있도록 돕는 독특한 역할을 할 잠재력을 탈북자들은 누구보다도 많이 가지고 있는 것이다. 탈북자 대부분도 이러한 생각으로 아픔을 감수하고 있다.[9]

통일 선교의 전령이다

남한 사람들이 북한에 들어가 복음을 전할 수 없는 현실을 고려해 보자. 북한 사람을 만나기 위해서는 중국이나 제3

9. http://www.nkd.or.kr

국으로 가야 한다. 그러나 하나님께서는 우리의 이 같은 어려움을 아시고 2천 명이 넘는 탈북자를 남한으로 보내 주셨다. 하나님이 북한선교를 준비하라고 사전에 이들을 우리에게 보내 주신 것이다. 아마 통일이 된다면 우리가 만나게 될 북한 주민은 중국이나 제3국에 숨어 자기의 속내를 잘 보이지 않는 그런 탈북자의 모습이 아니라 현재 남한에 거주하고 있는 탈북자들의 모습에 더 가까울 것이다.

그런 의미에서 탈북자들은 북한선교에 중요한 의미를 지니고 있는 것이다. 이들은 하나님이 보내 주신 통일 선교의 전령이자 선물이다. 북한 주민들을 깊이 알지 못하고 어떻게 선교를 할 수 있겠는가? 한기총에서도 이런 중요성을 알고 1996년 7월부터 "한국의 4만 2천 교회가 국내외 탈북자 1만 명을 품자"라는 캠페인을 벌였음에도 불구하고, 대부분의 탈북자들은 남한 사회에 잘 적응하지 못해 사회적 문제가 되고 있다.[10] 아마도 이렇게 된 주된 원인은 북한 주민에 대한 이해 부족 때문일 것이다. 북한선교를 제대로 하기 위해서는 북한 사회와 주민에 대한 이해가 선행되어야 한다. 북한 주민에 대한 이해 없는 북한선교는 많은 시행착오를 거칠 것이며, 나아가 많은 대가를 치러야 할 것이다.

10. 조용관, "탈북자 남한 사회 적응에 관한 연구", 「북한학보(제23집)」(북한연구소·북한학회, 1998), pp. 277-278.

3. 탈북자의 남한 적응 실태를 통해 본 북한 주민의 의식 구조

정치 체제의 적응 실태

북한은 세계 공산 국가 중에서 정권 수립 초기부터 정치 사회화(political socialization)의 중요성을 가장 강조해 왔다. 김일성·김정일 지배하의 북한 공산 체제는 공산 국가들 중에서도 1인 지배의 극히 폐쇄적인 성격을 가지고 있다. 따라서 북한의 정치 사회화 유형이 대단히 조직적이고 획일적일 뿐만 아니라 중앙 통제적으로 실현되고 있음에 비추어 보건대 지금까지 북한 공산 체제 나름대로의 일정하게 정형화된 인간을 만들어 내는 데 온갖 정책을 펴 왔음을 능히 짐작할 수 있는 것이다.[11] 즉 북한의 모든 교육 체계는 김일성·김정일 부자에 충직한 인간, 다시 말해서 북한 체제에 맞는 사람을 기르고 있을 뿐이다. 틀에 박힌 교육을 받는 북한 주민들은 집권층에 무조건적으로 맹신하며 충성하는 복종을 해야만 살아남을 수 있다. 이와 같이 전체주의적이고 계획 경제 체제하에 살아왔던 탈북자들이 다원주의적이고 시장 경제 질서가 지배하는 남한 사회에서 살게 되면서 겪게 되는 첫 번째 어려움은 상이한 정치 체제상의 차이점에 따른 혼란이라고 하겠다.

11. 김갑철, 「북한 공산주의 이론과 실제」(서울 : 문우사, 1985), p. 242.

혼란스럽지만 감시 없는 자유로운 체제

사회주의 북한에서 살다 온 탈북자들이 자유 민주주의 남한에서 처음 느끼는 것은 모든 것을 이해할 수 없다는 것이다. 1996년에 입국한 최현실은 남한 적응 과정에서 겪었던 어려움을 "하루아침에 사회주의에서 자본주의로 바뀌어 보고도 알 수 없고 듣고도 이해할 수 없는 일들이 너무 많아 이방인이 된 것 같은 느낌이 들었다"는 말로 고백하고 있다.[12]

탈북자 이민희 자매는 필자에게 "집사님, 연초가 되면 북한에서는 〈신년사 경연대회〉 때문에 김일성의 신년사를 외우느라고 난리예요. 그런데 남한에 오니까 그런 것들이 아무런 의미가 없어 헛살았다는 생각이 나서 속상해요"라고 말한 적이 있다. 또 그녀는 북한에서는 모든 것을 상부에서 억지로 시키고 감독하고 하는데, 남한에 오니까 그런 것들이 없어서 좋다고 했다.

또 탈북한 십대 소녀 박은영은 "남한에 와서 가장 좋은 것이 무엇이냐?"라는 물음에 대해 "이야기할 때 남의 눈치 안 보고 마음대로 할 수 있어 좋아요"라고 대답했다. 남한 부모들이 자녀들이 밖에 나갈 때 "차 조심해라" 하고 말하는 반면에 북한의 부모들은 "입 조심해라"라고 말한다는 사실에 비추어 보아도, 북한 사회가 얼마나 통제와 감시의 사회인가를 짐작할 수 있다. 대부분 탈북자들도 비록 이해할 수 없어 다소 혼란스럽지만 북한처럼 남의 감시와 통제 그리고 김일성·김정일 부자에 대한 맹목적 충성심 등을 강요받지 않는 남한 체제를 긍정적으로 받아들이며 살아가고 있는 것으로 보인다.

12. "희망의 등대(탈북자 수기)", http://www.nkd.or.kr.

땀 흘린 만큼 보상받는 사회

북한 사회가 사유 재산 제도가 보장되지 않는 사회인데 비해 남한 사회는 노력한 만큼 대가를 받는 사회라는 점을 탈북자들은 높이 평가하고 있다. 대부분의 탈북자들은 하나원에서 나와 처음 아파트를 배정 받고 정착금을 받아 필요한 가구와 가전제품을 집에 들여놓으면 마치 천국에 온 것 같다고 고백한다. 왜냐하면 북한에서는 자신들의 신분으로 도저히 꿈도 꿀 수 없는 일들이기 때문이다.

탈북자 몇 명을 데리고 교회 청년부들과 함께 경기도 여주에 놀러 간 적이 있다. 그런데 저녁이 되어도 러시아 벌목공 출신인 최창호 형제가 숙소에 오지 않아 나가 보니, 차안에 있었다. "왜 거기 있는 겁니까?"라고 물었더니 "집사님, 타세요" 하며 권해서 함께 차를 타고 여주 일대를 드라이브 했다. 그때 그는 나에게 "집사님, 이런 차(소나타 구형)는 북한에서는 부부장급(차관급)이 타는 차예요. 그런데 남한에 와서 제가 타고 있습니다"라며 얼마나 좋아하는지 몰랐다. 그 후에도 그는 시간만 나면 차를 닦고 기름칠을 했다. 북한에서는 감히 상상할 수 없었던 일들을 남한에서 할 수 있으니 얼마나 좋겠는가.

1996년 박종철·김영영·이우영이 탈북자 41명을 대상으로 "남한 사회가 땀 흘린 만큼 보상을 받을 수 있는 사회인가?"라고 질문한데 대해 '전적으로 동의한다'는 응답이 63.4%로 제일 높았고, '대체적으로 동의한다'는 응답도 22.0%를 차지해 85.4%에 달하는 대부분의 사람들이 남한 사회는 땀흘린 만큼 보상 받을 수 있는 사회로 평가하고 있다.

그러나 남한 사회의 빈부 격차에 대해서는 '매우 심하다'는 응답이 46.3%로 제일 많았고, '다소 심하다'고 생각하는 사람도 24.3%로, '심하지 않다'고 보는 사람 26.8%보다 월등히 많았다. 이는 탈북자들이 남한의 자본주의적 체제를 인정하고 있으나 남한의 불평등 상태에 대해서는 비판적인 견해를 갖고 있으며, 아울러 대체적으로 수동적이며 소극적인 태도를 지니고 있음을 보여주는 것이다. 나아가 지나치게 자유로운 것이 때로는 혼란스럽게 느껴지기도 한다.[13]

탈북자들이 남한 사회의 불평등을 못마땅하게 여기는 것은 북한에서 사회주의 이념인 경제적 평등을 강조하는 공산주의 교육을 받은 영향 때문으로 보여진다.

요컨대 탈북자들이 남한의 정치 체제에 대해 긍정적인 태도를 보이는 것은 북한에서 세뇌 받았던 공산주의 사상, 주체 사상에 의한 획일적 가치관에서 벗어나 구속받지 않고 자유롭게 살고, 또 북한에서는 생각할 수조차 없던 자기 소유의 재산을 가질 수 있기 때문이라 생각된다. 비록 탈북자들이 자유의 올바른 개념이나 사유 재산 제도에 대한 이해가 부족하다 할지라도 북한과 같이 남의 눈치나 감시 없이 자유롭게 이야기할 수 있고, 자기 재산을 소유할 수 있으며, 대통령의 아들이라도 잘못하면 구속되는 것을 보고 북한 사회보다 좋은 사회라고 여기는 것이다.

13. 박종철 외, 「북한이탈주민의 사회 적응에 관한 연구 : 실태 조사 및 개선 방안」(서울 : 민족통일연구원, 1996), p. 66 ; 이범웅, "북한 이탈 주민들의 남한 교육 적응 실태 연구", 「남북한 통일과 사회 통합 정책」(인천 : 인천대학교 평화통일연구소, 2000), p. 105.

경제 체제의 적응 실태

돈에 대한 두 가지 태도

북한은 사회주의적 소유를 "사회주의적 생산 관계의 기초가 되는 생산 수단과 생산물의 전 사회적 또는 집단적 소유"라고 개념화하고 있다.[14] 즉 개인의 사유 재산 제도를 인정하지 않고 생산 수단과 생산물의 전 사회적, 집단적 소유를 원칙으로 하고 있다.

그래서 북한에서는 개인의 이익이나 향락을 허락하지 않고 오직 당과 인민을 위한 집단주의를 강조하여 왔다. 북한에서는 집단주의를 "개인의 안일과 향락을 위해서가 아니라 사회와 인민의 이익, 당과 혁명의 이익을 위하여 모든 것을 다 바치는 고상한 혁명 정신"으로 강조하고 있다. 북한은 집단주의가 김일성이 직접 조직·영도했다는 항일 무장 투쟁 시기에 발생해서 그 빛나는 전통이 이룩되었고, 그 최고 표현은 수령에 대한 끝없는 충실성에 있다고 주장하고 있다.[15] 이처럼 중요한 집단주의로 인민들을 무장시키기 위하여서는 무엇보다 먼저 그들 속에서 개인주의, 이기주의를 반대하는 투쟁을 강화하여야 한다[16]는 인간 개조 사업을 통하여 개인주의를 억제하고 집단주의를 강화하는 사업을 수행하여 왔다.

그러나 1990년대에 접어들면서 북한 경제가 극심하게 어려워지자 북한 주민들의 이러한 지배적 가치관도 바뀌기 시작하였다. 이전의 북한 주민들은 정치적, 당적으로 인정받아 공적 부문에서 출세하는 것을 최고의 삶으로 여겼으나 이제는 돈을 버는 것을 최고의 가치로 인식하는 사람들이

---

14. 「백과사전」 제3권 (평양 : 과학백과 전출판사, 1983), p. 530.
15. 「정치사전」(평양 : 사회과학출판사, 1973), p.1083.
16. 「김일성 저작선집 5」(평양 : 로동당 출판사, 1963), p. 466.

증가하고 있다. 돈이 있으면 당원이 될 수도 있고, 대학에 입학도 할 수 있고, 웬만한 문제도 뇌물을 통하여 해결할 수 있다고 인식할 만큼 돈의 위력이 강해졌다. 성분이 좋은 핵심 계층을 제외하고는 북한 주민은 이제 당원이 되는 것보다는 돈을 버는 것을 선호하는 경향이 증대하고 있다.

돈의 가치를 모르던 사람들이 돈의 가치를 알게 되고, 그리고 돈의 효용성이 높아지자 북한 주민들의 돈에 대한 의식이 급속히 변화하고 있다고 한다. 합영회사가 설립되고 외화가 유통되기 시작하면서부터 돈의 가치를 새롭게 인식하게 되었다고 한다. 남녀간에 배우자를 선택할 때도 이전에는 정치적 토대, 즉 출신 성분, 군 복무 여부, 잘 사는가의 순위였으나 지금은 첫째도 둘째도 '얼마나 잘사는가'가 기준이 되고 있어 식량을 배급하는 양정 사업소나 급양 관리소 사무원들이 인기라고 한다. 그래서 '잘사는 집 딸'과 친하게 지내라고 권고하고, 배우자감을 평가할 때는 '잘 사는가'를 물어 본 다음 '잘 생겼는가'를 묻는다고 한다.[17]

한 탈북자의 증언에 따르면 요즘 들어 북한은 겉으로는 집단주의를 더 강하게 부르짖지만 실질적으로는 개인주의가 매우 심하다고 한다. 그 이유는 무엇보다도 경제 침체 때문이라고 한다. "내 것만 있으면 산다. 내가 버덜적거려(아무 일이나 해서) 살아야 한다"는 개인주의가 더욱 팽배하다고 한다.[18] 원래 북한 주민들은 돈은 남의 노동을 착취해서 버는 것이기 때문에 본질적으로 더럽고 추한 것으로 교육받았으나 식량난 등으로 생활이 어려워지자 돈이 없으면 살 수 없다는 생각을 하게 되었다는 것이다. 북한 주민들의 이러

17. 서재진, 「북한 주민들의 가치 의식 변화 : 소련 및 동구와의 비교 연구」(서울: 민족통일연구원, 1994), pp. 42-43.
18. 위의 책, p. 56.

한 태도는 남한에 온 탈북자들에게도 그대로 나타난다. 최근에 입국한 탈북자들을 보면 자본주의 사회에 대해 비판적이면서도 또 다른 한편으로는 지나치게 돈에 집착하는 이중성(兩價性)을 보이고 있다.

김영수와 정영국이 1996년 5월에 1980년 이후 탈북한 탈북자 44명을 대상으로 실시한 설문 조사에서 응답자의 84%가 '돈이면 무엇이든지 할 수 있다'는 데 동의하였다고 밝히고 있다.[19] 탈북자들은 다양한 돈 버는 방법에 정신이 쏠려 있고, 매우 인색하며, 가능한 한 많은 돈을 모으기 위해 최선을 다한다. 그들의 이런 생활 태도는 남한과 같은 자본주의 사회에서 돈이 없는 삶은 죽음을 의미한다는 믿음에 기초하고 있다.[20]

필자는 1998년 대성공사로부터 일가족을 인계 받아 그들이 아파트를 분양 받기 전 임시로 출석하던 교회 사택에 머물게 한 적이 있었다. 여기서 많은 사건들이 일어났는데 그 중 하나가 그들 가족의 TV 출연 사건이다. 당시 필자의 일기에는 다음과 같이 기록되어 있다.

> 1999년 1월 29일(금)
> 아침에 출근하자마자 송 목사님으로부터 전화가 왔다. 내용인즉 전날 KBS〈추적 60분〉에 김필호 형제 일가족이 나왔는데, "이 많은 물건들을 어디서 구했는가?"라는 PD의 질문에 그는 동정을 살 요량으로 "길거리에서 주워와 생활하고 있어요"라고 이야기해서 교회에서 말이 많다고 했다. 군포 경찰서 반 계장님에게 전화를 했더니, 그 경찰

19. 김영수·정영국, 「탈북이주자 남한 사회 적응 실태 조사」(서울 : 통일연수원, 1996), p. 58.
20. 민성길, "남북한 사람들의 의식 구조", 「2001년도 북한이탈주민사회 적응 실태 조사 보고서」, p. 5.

서에서도 그 일 때문에 아침에 혼이 났다고 했다. 정말로 사람들이 왜 그런지 모르겠다. 교회와 구역 식구들이 여러 가지 어려움에도 불구하고 물심 양면으로 도와주었는데 결국 돌아오는 것은 원망뿐이다. 11시쯤 김 형제로부터 전화가 왔다. 내가 좀 나무랐더니 큰 소리를 치면서 교회에서 도와준다고 해 놓고 도와주지 않아서 그렇게 이야기했다는 식으로 말하면서, 지금까지 받은 돈(당시 교회에서 매달 50만 원씩 지급)을 돌려주겠다고 했다. 교회가 IMF 때문에 많은 어려움을 겪는데도 불구하고 정성을 다해 도와주었는데 고마운 줄 모르고 택시 타고 다니고 술 먹고 바람피우면서 원망을 하니 참으로 답답한 일이다. 저녁에 원 집사님으로부터 전화가 왔다. 김필호 형제가 전화를 해서 나에 대한 불평을 많이 한 모양이었다. 원 집사님 이야기로는 다른 교회 집사들이 TV를 보고 당신네 교회와 당신들이 김씨네를 많이 도와준 것 같은데, TV에서 왜 그런 소리를 했는지 모르겠다는 것이다. 또 구역 식구들도 자기들이 새것을 사주든지 또 집에 있는 것 중 좋은 것을 주었는데 다 주워 쓴다고 이야기하니 참 이상한 사람이라고들 이야기했다는 것이다. 이해하기 힘든 이들을 어떻게 다루어야 할 것인지 걱정이 앞선다. 그래서 주님께서 디도서 2장 10절의 말씀을 주신 것인가?

김필호 형제 부부는 남으로부터 더 많은 도움과 동정을 받기 위해 그러한 거짓말을 했으나 결국 그로 인해 자기를 도와주던 사람들을 떠나가게 하였다. 이는 김 형제의 잘못이 아니라 북한에서 학습된 사고 체제 때문이라 생각된다. 사람이 굶어 죽어 가는데 자기 가족의 생계를 위해 무슨 짓이든 못하겠는가. 문제는 이제 그들이 살고 있는 곳이 북한이 아니라 남한이라는 데 있는 것이다. 김 형제의 예는 극단적인 경우인지 모르지만, 대부분의 탈북자들의 돈에 대한 집착은 이 범주를 크게 벗어나는 것 같지 않았다. 또한 이들은 도와주어도 쉽게 고맙다는 이야기를 하지 않으며, 또 나누어주는 모습도 보기 어려웠다. 이는 북한에서 그들의 생활이 얼마나 궁핍하였는가를 보여주는 것이라 하겠다.

잘못된 자기 생존 방어 기제

강한 집단주의로도 개인 생존을 보장하지 못하는 북한 사회에서 자기 생존을 위한 방어 기제는 자기 스스로 자기 이익을 지키는 것뿐이다. 북한에서의 공식 이념은 집단주의지만 실제 생활은 집단주의보다는 이기주의에 가깝다. 실제 자기 가족이 굶어 죽어 가는데도 불구하고 집단(국가나 당)이 자기를 돌보아 주지 않는 상황에서 북한 주민들은 이제 아무도 믿을 사람이 없다고 생각하고 있다. 자기 살 길은 자기가 알아서 해야 한다는 것이 실제 경험을 통해서 검증되었으니 다르게 생각할 것이 없다는 것이다.

이렇게 북한 주민에게 집단주의에 대한 신뢰가 상실되고 개인주의가 심화된 결과 타인에 대한 배려가 전혀 없는 모습으로 바뀌었다고 한다. 소속감과 애정에 대한 욕구가 발생하지 않기 때문이다. 이제는 자기 자신과 자기 가족밖에 모른다.[21] 이러한 이기주의는 의지할 것이 아무도 없는 남한

21. 서재진, 「북한의 사회 심리 연구」(서울 : 통일연구원, 1999), p. 59.

에 와서 더욱더 심화되어 돈이 없이는 아무도 자기들을 보호해 줄 수 없다는 생각을 하게까지 되는 것이다.

자본주의에서 살아남기 위해서는 돈이 있어야 하며, 그러기 위해서는 무슨 수단을 동원해서라도 돈을 벌어야 한다는 탈북자들의 잘못된 금전관에서 오는 강박관념이 도리어 남한 사회 정착을 어렵게 하는 요인이 되고 있다. 또 돈을 벌려고 하는 욕망에 비해 대부분 돈을 벌 수 있는 수단이나 능력을 가지고 있지 못한 것도 문제다. 그들 중에는 김용 씨처럼 극히 일부만이 북한 음식점을 통해 성공하였으나 대다수는 생활고에 시달리고 있으며, 또 돈에 대한 개념이 부족하여 정착금을 조기에 날려보내는 경우도 많다.

한번은 저녁식사를 하고 있는데 우리 식구처럼 자주 집에 놀러오는 탈북자 최철민 형제한테 "집사님, 탈북자가 남대문 경찰서에 구속되었다는 뉴스 봤어요? 그 친구 북한선교하기 위해 데리고 와야 합니다"라며 전화가 왔다. 북한선교라는 말에 꼼짝없이 그 형제를 데리고 오기로 하였다. 탈북자 김민국 형제는 IMF 때 직장을 잃고 길거리에서 노숙하다가 길 가는 행인을 때려 남대문 경찰서에 구속되어 언론에 보도된, 사건의 주인공이었다. 숭의동지회 부회장과 최철민 형제, 담당 형사 그리고 필자, 우리 4명은 추운 겨울에 3시간이나 서울 구치소 앞에서 기다리다가 김민국 형제를 데리고 교회로 왔다. 나는 그때 그 형제가 하소연하던 말을 잊지 못한다.

"선생님, 나는 아무 희망이 없습네다. 처음 김포 공항에서 나올 때는 대한민국이 다 내 것 같았습네다. 그런데 큰 돈 벌려다가 다 날려 버려 이렇게 됐습네다. 갈 곳도, 있을 곳도 없습네다. 모든 것이 끝났습네다."

함께 기도를 드린 후 돈을 얼마 주었다. 또 당분간 교회에 있으라고 조치하고 밤늦게 집으로 돌아왔다. 아침에 교회로 전화해 보니 밤늦게 술 먹고 와서는 오줌을 싸 놓고 떠났다는 것이었다. 몇 달 후 그 담당 형사한테 전화가 왔다. 그 친구가 부산에서 절도 행각을 하다가 붙잡혀 지금 데리고 서울로 가는 중이라고 했다. 방광이 좋지 않은 김민국 형제는 성실하게 돈벌려 하지 않고 일확천금을 노리다가 결국 폐인이 된 것이다. 오늘도 남한 땅 어느 곳에서 떠돌고 있을 것을 생각하니 가슴이 아프다.

사회 생활에 대한 적응 실태

고 실업률의 원인과 저소득

탈북자들이 남한 사회 적응하는 데 있어 가장 큰 어려움은 생업의 근본이 되는 취업의 문제일 것이다. 과거 탈북자들이 많지 않을 때는 정부에서 농협, 은행, 한국전력과 같은 공기업 등에 취업시켜 주어서 비교적 안정된 생활을 하게 하였다. 하지만 1994년 이후 탈북자들이 대거 입국하면서부터 이들을 취업시키는 문제가 쉽지 않게 되었다. 특히 IMF 이후 한국 경제가 어려워지고 특히 재벌 그룹들의 구조 조정으로 인해 대량 실업이 발생하기 시작하자 탈북자들의 취업 문제는 더욱 심각한 상황에 이르게 되었다.

1998년 가을, 이영일이 실시한 설문 조사에 따르면, 1990년 이후 남한으로 온 168명의 탈북자 응답자 가운데 '무직'

상태에 있는 사람이 39.2%로 가장 큰 비율을 차지하고, 회사원 20%, 대학생 9%, 사업 7%, 공무원 4%, 상업 4%, 노동 3%, 농업 1%로 여전히 실업률이 높은 것으로 나타났다. 1인당 월 소득은 50만~100만 원 사이가 44명(41%)으로 가장 많았고, 50만 원 이하가 36명(34%)이었으며, 월 300만 원 이상 고소득자가 2명이었다. 이들 중 수입이 180만 원이 넘는 사람들은 대부분 북한의 고위 관료, 공무원, 유학생 출신으로 나타나 북한에서 비교적 여유 있는 생활을 한 사람이 남한에서도 형편이 나은 것으로 분석됐다.[22] 2001년 3월 실시된 통일부의 조사에 의하면, 탈북자들의 직업 분포는 연구원 등 전문직이 2.8%, 회사원 등 사무직과 생산직에 종사하는 봉급 생활자가 21.7%, 상업 등 자영업자가 4.3%, 학생, 고령자, 주부 등 경제 활동이 불가능한 자가 41.8%였다.[23] 그러나 실제 실업률은 훨씬 높을 것으로 생각된다.

탈북자들의 실업률이 높은 이유

탈북자들의 실업률이 높은 것은 첫째, 탈북자들이 취업을 할 수 있는 능력을 갖추고 있지 못했기 때문이다. 대부분의 탈북자들이 억압된 북한 체제에 있다가 자유로운 남한 체제에 와서 마음이 들떠 있는 상태에서 하나원에서 실시하고 있는 짧은 적응 교육으로 별다른 전문 지식을 갖기는 어렵다. 또한 북한에서 학습한 지식들이 남한 사회에서 거의 도움이 되지 않는 것도 문제다.

둘째, 근로 의식의 부족이다. 탈북자들이 근로 의지가 부족한 것은 북한 체제에서 획득한 행동 양식 때문이다. 사회

---

22. 이영일, "탈북자 설문 조사 보도 자료"(미간행 보도 자료, 1998), 〈조선일보〉, 1998. 10. 12.
23. 「북한이탈주민 보호 및 정착 지원」(2002. 3. 19.), http://www.unikorea.go.kr/

주의 국가에서는 적극적인 인간형보다도 피동적이고 순응적인 인간형을 요구한다. 따라서 스스로 적극성을 띠고 미래를 개척하는 일은 심리적으로나 육체적으로 훈련되지 않은 일에 속한다.[24] 탈북자들은 처음 남한에 오면 남한 사람들이 일하는 것을 보고 놀란다. 새벽 일찍 나가서 밤늦게 들어오면서 열심히 일하는 것을 보고 자신감을 잃어버린다. 많은 탈북자들은 대부분 남한 사람들이 일하는 것을 보면 기가 질린다고 하였다.

탈북자 송진철 형제를 잘 아는 중소기업 사장의 운전기사로 취직을 시켜 준 일이 있었다. 얼마 뒤 그 중소기업 사장을 만났더니 왜 그런 사람을 소개시켜 주었느냐며 불평하는 것이었다. 이유인즉 지방 출장이 잦았던 이 사장은 편히 쉬기 위해서 운전기사를 고용하였는데 잠을 좀 자려고 하면 길을 잘 모르는 운전기사가 "사장님, 좌회전입니까, 우회전입니까?"라고 하도 물어대는 통에 도대체 잠을 잘 수 없었다고 했다. 또 차를 몰고 가다가 옆 차가 새치기라도 하면 창문을 열고 얼마나 욕을 하는지 민망할 정도고, 운전할 일이 없으면 아무것도 안하고 쉰다는 것이었다. 직장 동료들이 일을 좀 도와 달라고 하면 "나는 운전하러 왔지, 그런 일 하러 오지 않았다"며 다른 일을 하지 않아 얼마간 다니게 하다가 그만두게 했다는 것이다.

송 형제가 이 같은 행동을 하게 된 것은 시키는 것만 하면 되는 북한 체제의 생활 습관 때문이다. 즉, 사회주의에서는 모든 일을 자기가 알아서 하는 것이 아니라 상부에서 시키는 일만 하면 되기 때문에 처음 입국한 탈북자들은 누가 시

24. 윤덕용, "탈북자들의 경제, 노동력 측면의 통합"(2001년 10월, 연세대 세미나 발표 원고), pp. 6-7.

키지 않아서 불안하다고까지 말한다.

셋째, 획득 가능한 대체 소득이 있기 때문이다. 대부분의 탈북자의 경우 생활 보호 대상자로 지정되어 생활비 일부를 정부로부터 지원 받을 수 있고, 또 기업에 적만 두고 있어도 월 70만 원까지 받을 수 있다. 안보 강연이나 간증 등으로 돈을 쉽게 벌 수 있고, 또 교회나 종교 단체에 나가면 생계 보조금을 제공받기도 한다. 그래서 탈북자들 사이에서는 "네가 나가는 교회는 얼마나 주느냐?"라며 정보 교환을 하는 웃지 못할 풍경이 연출되기도 한다.

교회 나온 지 얼마되지 않았던 김주성 형제가 "집사님은 한 달에 교회에서 얼마나 받습니까?"라고 필자에게 물은 적이 있다. 그래서 "교회에 나와서 돈 받는 사람들은 당신네 뿐이요. 우리는 돈 내고 다닙니다"라고 했더니 잘 이해하지 못하는 눈치였다. 자기들은 한 달에 네 번 나오고 50만 원 받는데, 조 집사는 자기들보다 자주 교회에 나오니 더 많이 받을 것이라고 생각한 것이다.

생계가 어려운 초기 탈북자들에게 교회가 생활비를 보조할 수는 있으나 자립할 수 있을 때까지만 주도록 해야 할 것이다. 그렇지 않은 경우 그들의 정착을 오히려 방해할 수도 있을 것이다. 그리고 정부나 종교 단체에서 지원하고 있는 체제를 상호 협력하여 종합적 지원 체제를 구축할 필요가 있다. 왜냐하면, 현행 시스템으로는 탈북자들이 취업을 하지 않고도 정부나 종교 단체에서 지원해 주는 금액만으로도 충분히 살아갈 수 있게 되어 있기 때문이다. 이는 단기적으로는 그들에게 도움이 될지 모르나 장기적으로 볼 때 탈북자들이 우리 사회에 정착하는 데 장애 요인으로 작용하게 될 것이기 때문이다. 필자가 목격한 바에 의하면 탈북자들은 남한에 와서도 북한식 식생활을 하기 때문에, 남한 주민들이 놀랄 정도의 적은 생활비로 살아갈 수 있었다.

넷째, 탈북자들은 북한에서 조직 생활에 염증을 느끼고 있었기 때문에 기업체에 가서 조직적인 생활을 하기 꺼려한다. 한 탈북자 형제는 한국에서 명문 대학을 나오고도 큰 기업체에 취직하기보다는 중소기업체에 들어가 사장과 같이 동업을 하고 있다. 왜냐하면 대기업에 들어가면 남한 사람들과 경쟁해서 이기기도 어려울 뿐 아니라 북한에서 이미 조직 생활에 염증을 느꼈기 때문이다. 그리고 취직을 한다 해도 오래 다니지 못한다. 모든 체제가 북한과 다를 뿐 아니라 남한 사람과 원만한 인간관계를 형성하기도 쉽지 않기 때문이다. 일상생활에서뿐만 아니라 직장에서도 외래어를 많이 쓰는 우리의 직장 환경 때문에, 외래어를 모르는 탈북자들이 직장 동료들과의 의사 소통에 어려움을 겪다가 그만두는 경우도 있고, 또 탈북자들의 사고와 생각을 모르는 남한 사람들이 이들을 왕따 시켜 직장을 그만 두는 경우도 많다.

또한 성실히 일을 해서 돈을 벌려고 하기보다는 탈북자 중 성공한 가수 김용 씨와 같이 몇 안 되는 사람을 자기의 이상적 모델로 삼아 쉽게 직장을 그만두고 개인 사업을 하려는 경우가 많은데 이 경우에도 성공한 사례는 극히 드물다. 다음은 1999년에 입국한 이영광 씨의 고백이다.

그후 닥치는 대로 고생하면서 모은 돈과 가지고 있던 정부 지원금을 합치니 3천만 원 정도 되었다. 그 어디에도 의지할 친척 하나 없는 이 땅에서 힘들게 벌어 놓은 그 돈은 어찌 보면 내 생명과도 맞바꿀 수 없는 소중한 것이었다. 그 돈을 모으고 난 후 얼마 되지 않아 나는 헛된 욕망에 빠져들기 시작했다. 나보다 앞서 귀순한 김용 씨 같은 사람들이 식당업으로 큰 성공을 거두었다는 것을 알고 나도 음식점을 차리면 순식간에 많은 돈을 벌 수 있으리라는 환상에 빠져 수중에 있던 자금을 모두 털어 음식점을 개업하게 되었던 것이다.

하지만 경험 없이 욕심 하나로 시작한 식당업은 불과 3개월도 지나지 않아 빚더미에 올랐다. 참으로 어이없고 기가 차는 노릇이었다. 내 딴에는 할 수 있는 모든 노력을 다 해보았지만 점점 깊은 수렁으로 빠져들기만 했다. 나는 큰 교훈을 얻었다. 분명히 자본주의 사회에서는 돈이 중요한 것이 사실이지만 그보다는 주위에 있는 많은 사람들과의 따뜻한 인간관계가 더욱 중요하다는 것이다. 그리고 언젠가는 그들의 도움이 큰 힘이 될 수 있다는 것이다.[25]

25. "좌절이라는 깊은 수렁에서 나를 건진 '평양 각시'", http://www.nkd.or.kr

한국에서도 이제는 평생 직장이라는 개념이 사라지고 있는 상황이기 때문에 탈북자들을 반갑게 맞아 줄 기업체를 찾기란 여간 어려운 것이 아니다. 현재 탈북자들은 담당 형사가 자기 관할 내의 기업체에 부탁하여 취직시키는 경우가 대부분이다. 그러나 탈북자 수가 기하급수적으로 늘고 있어 앞으로 이 문제는 사회의 큰 문제로 대두될 것이다. 남한 기업들도 통일 이후를 대비하여 탈북자들에게 많은 관심을 기울여야 할 것이다. 비록 그들을 고용하면 처음에는 힘들겠지만, 그들을 통해 배운 귀중한 경험이 통일이 되었을 때 기업 운영에 많은 도움이 될 것이다. 이러한 일에 기독 실업인들이 앞장서야 할 것이다.

정서 생활에 대한 적응 실태

두고 온 가족에 대한 죄책감

탈북자들이 가지고 있는 심리적 고통 중 가장 대표적인 것 중의 하나가 북한에 두고 온 가족에 대한 죄책감이다. 그 가족들이 자신들 때문에 강제 수용소로 옮겨가는 등의 큰 고통을 받을 것에 대한 죄책감으로 매일 밤마다 악몽을 꾸는 경우도 있고, 우울증이 생기는 경우도 있다.[26] 1996년에 입국한 탈북자 장해성 씨의 가족에 대한 그리움을 소개한다.

26. 전우택, 「사람의 통일을 위하여」(서울 : 오름, 2000), p. 303.

두고 온 가족에 대한 그리움? 그래, 맞다. 생각하지 말자, 잊어버리자 해도 시도 때도 없이 파고들어 가슴 저미는 것이 두고 온 가족에 대한 생각, 가족을 저버린 아픔이었다. 비 오는 날이면 가족들이 사무치게 그리워 우산도 쓰지 않고 인적 끊긴 아파트 주변을 돌고 또 돌았다. 하지만 그건 이미 각오하고 떠나 온 길이 아닌가? 가족 생각 외에 또 무슨 외로움? 어차피 홀로 떠날 때 외로울 줄 몰랐더냐? 그렇다면 나한테 제일 힘들었던 일은 무엇이었던가? 영어를 몰라 간판을 보고도 몇 번씩 스쳐 지나갔던 일? 하지만 그것도 몇 번 오락가락 하긴 했지만 어쨌든 물어서라도 찾지 않았던가?

　밥 짓는 것도, 빨래하는 것도 여기서는 기계가 다 한다. 설사 내 손으로 하면 어떻단 말인가? 문득 한국에 오기 전 홍콩 이민 수용소에 갇혀 있던 일이 생각났다. 당시 나는 과학 연구 부문에 종사하던 북한 사람과 같이 수용되어 있었는데 귀동냥으로 한국으로 가게 되었다는 사실을 알고 난 후 우리는 북한으로 송환되지 않게 된 것에 대해 큰 시름을 놓으면서도 새로운 걱정거리에 마음이 편치 않았다.[27]

그러나 가족들에 대한 죄책감이 너무 심하게 되면, 그것으로 인하여 오히려 늘 심한 우울증을 가지고 술을 과도하게 마시는 등 병적인 행동을 보이는 경우들도 있다.[28] 다음은 두고 온 아내가 북한에서 자살했다는 소식을 듣고 괴로워하는 김대호 씨의 고백이다.

27. "끝내 완성하지 못한 원고", http://www.nkd.or.kr
28. 전우택, 앞의 책, pp. 303-304.

　처음 이곳에서의 생활은 행복할 수가 없었다. 설사 이곳이 천국이라 할지라도 나 혼자서는 도저히 행복할 수가 없었다. 사랑하는 가족을 버렸다는 죄의식에 늘 사로잡혀 있었기 때문이다. 그러한 죄의식에서 조금이라도 벗어나고자 우선 북한에 두고 온 가족들의 소식을 알기 위해 노력했다. 우여곡절 끝에 내 가족은 황해도 어느 광산으로 추방되었고, 거기서 아내는 자살했다는 청천벽력 같은 소식을 들었다.
　슬픈 소식을 들은 나는 이 세상에서 가장 사랑했던 한 여인의 삶을 너무도 비참하게 만들었다는 죄책감에 고통스러운 나날을 보냈다. 매일같이 방안에 틀어박혀 지내면서 하루에도 몇 번씩 갑자기 숨이 막히곤 했다. 때로는 죽어야 겠다는 생각도 했지만 갚아야 할 죄값이 너무 크기에 그 길을 택할 수도 없었다.[29]

탈북자들에게 있어 북한에 남아 있는 가족들은 잊을 수도, 그렇다고 기억할 수도 없는 존재들이라는 점에서 그들에게 양가(兩價) 감정을 일으키는 대표적인 대상들이 되었다. 그 동안 탈북자들은 주로 단독으로 탈출한 젊은 남자들이 많았는데, 이들은 북한에서 결혼했더라도 다시 남한에 들어와 남한 여자와 결혼한 경우가 흔했다. 그리고 남한에서의 결혼은 이들 탈북자들로 하여금 남한 사회에 소속감을 가지게 하고 정상적으로 사회에 적응하는 데 긍정적인 의미를 가진 것으로 보고되었다. 그러나 동시에 이러한 결혼은 북한에 두고 온 배우자와 자식들, 가족에 대한 죄책감을 더 강화시키는 효과도 있어 심리적으로 매우 어려운 양가 감정을 야기하는 측면도 있다.[30]

더구나 최근 가족 단위의 입국이 많아지고 있어 가족을 데리고 오지 못하는 탈북자들의 심리적 갈등은 더욱 증폭되고 있다. 아울러 다양한 탈북에 있어서도 다양한 방법이 시도되고 있는데, 먼저 온 탈북자들이 자기가 받은 정착금을 이용하여 중국 동포를 통해 북한에 있는 가족을 데리고 나오도록 하거나 가짜 여권을 만들어 입국시키거나 아니면 중국 외 제3국을 통해 입국하는 탈북자들이 많아짐에 따라 형편상 그렇게 할 수 없는 탈북자들에게 있어 북한에 남아 있는 가족에 대한 죄책감은 더욱 강해진다.[31]

29. "망향 시인의 한", http://www.nkd.or.kr
30. 전우택, 앞의 책, pp. 303-304.
31. 가족을 데리고 올 수 없는 탈북자들의 경우는 북한에서 고위직에 있던 사람들이거나 아니면 국경 근처가 아닌 내륙지역에 사는 사람들로서 이들은 중국 동포를 동원해도 대부분의 경우 가족을 데리고 오기가 쉽지 않다.

그러나 이들의 가족에 대한 죄책감은 오히려 이들의 남한 사회 적응에 긍정적인 역할을 하는 측면도 있다. 즉 지금은 자신이 어쩔 수 없이 여기에 와 있고 가족들에게 큰 피해를 입히고 있으나, 그런 가족들의 고통을 보상해 줄 수 있는 유일한 길은 오직 통일이 되어 다시 만나게 되었을 때 가족들에게 충분한 경제적인 지원을 할 수 있도록 내가 지금부터 여기서 한눈 팔지 않고 열심히 공부하고 일하여 돈을 많이 버는 것이라 생각하는 것이다. 이런 생각을 강하게 가지고 있는 사람들은 남한의 현실에 빨리 적응하고, 심리적 방황도 적어서 다른 이들보다 더 잘 생활하는 편이다.

남한 주민들의 냉대와 무관심

탈북자들이 북에 두고 온 가족들에 대한 죄책감보다 실제 더 괴로워하는 것은 남한 사람들이 자기들을 바라보는 좋지 않은 시선이다. 1996년 탈북자 41명을 대상으로 한 면접 조사에 따르면, 탈북자들에 대한 남한 주민들의 태도를 묻는 질문에서는 '호의적이다' 라거나 '동정적이다' 는 긍정적 평가가 각각 10.3%를 차지하고 있었던 반면, '냉담하다' 거나 '적대적이고 멸시적이다' 는 부정적인 평가가 각각 33.3%와 25.6%를 차지함으로써 약 60% 가량이 남한 주민들의 태도에 부정적인 반응을 보이고 있는 것으로 나타났다.[32] 남한 주민들이 1970년대까지만 해도 탈북자들을 "김일성 치하에서 못 먹고 억눌려 지내 온 불쌍한 동포"로 생각하였으나, 1980년대 이후에는 "부모 자식을 버리고 온 배반자, 죄를 짓고 도망 나온 자, 이방인, 2등 국민, 귀찮은 존재"라는 부

32. 박종철 외, 앞의 논문, p. 72 ; 김진도, 「북한이탈주민의 사회 적응 프로그램 개선 방안」(숭실대학교 통일정책대학원 석사학위 논문, 1999), p. 16. 이러한 조사 결과는 지난 1980년 통일부에서의 조사 결과와 비교해 볼 때 큰 차이를 보이고 있다. 1980년 당시 탈북 이주자들에 대한 남한 주민들의 태도를 묻는 질문에 대해서, 당시 응답자들은 '호의적이다' 거나 '동정적이다' 는 긍정적인 평가가 52.7%를 차지했으며, '냉담하다' 거나 '적대적이고 멸시적이다' 는 부정적 반응은 6.3%에 불과했다. 민병천, 「월남귀순자의 자유 사회 적응 과정 실태 조사」(국토통일원 조사 연구실, 1980).

정적 인식을 많이 하고 있기 때문으로 생각된다.[33]

필자도 같은 교회에 출석하는 한 탈북자 형제의 결혼을 준비하면서, 우리 남한 사람들이 탈북자들에 대해 가지고 있는 편견을 실감했다. 1998년 2월 28일, 교회에서 한창 탈북 형제의 결혼 준비를 하느라 여념이 없을 때였다. 그런데 결혼할 그 형제가 나를 찾아와 "집사님, 부탁이 있는데요. 오늘 결혼식에 주례를 서는 목사님이나 기도하실 장로님이 제가 북한에서 왔다는 이야기를 하지 않으면 좋겠어요. 왜냐하면 우리 신부측 부모 형제만 제가 탈북한 사실을 알고 아무도 모르거든요"라고 부탁하는 것이었다. 결국 그 날 결혼식에서는 그가 북한에서 왔다는 사실을 공포하지 않았고, 신랑의 친부모를 대신하여 당시 군포 경찰서 보안 과장 부부가 1일 부모 역할을 하였다. 후일 그가 장인될 분을 만나러 가서 결혼을 하락해 달라고 청하는데 신부의 아버지 된 사람이 "자네는 혼자 살자고 부모 형제를 버리고 왔는데, 또 형편이 어려우면 처자식을 비리고 갈 것이 아닌가?"라고 밀해서 참으로 마음이 아팠다고 고백하였다. 그 형제는 결국 중국에서 부모 형제를 만났고, 남한에 오고 싶어하는 여동생을 많은 돈을 들여서 데리고 왔다. 현재 이 부부는 귀여운 딸을 낳고 남한 땅에서 행복하게 살아가고 있다.

탈북자들에 대한 남한 사람들의 냉대는 아래 소개된 신문 기사에서 잘 보여주고 있다.

지난 1998년 4월 목숨을 걸고 북한을 탈출, 중국과 베트남, 캄보디아를 거쳐 2000년 9월 한국 땅에 정착한 임 모

33. 〈한국일보〉, 1990. 6. 26. ; 김영수 · 정영국, 앞의 논문, p. 86 ; 윤인진, 「북한 이탈 주민의 이해와 자원 봉사」 (http://yoonin. pe.kr. 2000. 5).

(34. 무직. 부산시 북구 금곡동) 씨는 인터넷 채팅 사이트에서 만난 가출 소녀 2명에게 100여만 원의 금품을 주고 10여 차례 성관계를 맺은 혐의(청소년 보호법 위반)로 부산 영도 경찰서에 구속되었다. 남한에서 외로움에 시달리던 임 씨는 먼저 배우자를 구하기 위해 통일부에서 배운 컴퓨터 실력을 바탕으로 인터넷 채팅 사이트를 이용, 2명의 여성과 결혼을 전제로 교제를 하는 데 성공했으나 곧 탈북자에다 직업이 없고 정서 차이 등의 이유로 외면 당하고 말았다. 임씨는 여자를 사귀고 싶다는 욕구에 못 이겨 언론 매체에서 자주 등장하는 청소년 성매매의 유혹에 쉽게 빠져들고 말았다. 임씨는 결국 지난 4월 인터넷 L 채팅 사이트에서 만난 이 모(16. 중3 중퇴) 양과 김 모(16. 중3 중퇴) 양 등 가출 청소년 2명에게 한 차례에 10~25만 원씩 주고 성관계를 가졌다. -중략-

임씨는 "부산에 살게 되면서 모 업체에 취직을 했는데 동료들이 처음에는 잘해 주는 것 같았지만 탈북자라는 의식을 갖고 차별대우와 자존심을 많이 상하게 해 어쩔 수 없이 그만둘 수밖에 없었다"고 말했다. 그는 또 "남한의 여자들과 데이트를 해봤지만 나의 처지를 이해해 주지도 않았고 돈만 많이 쓰게 했을 뿐"이라며 고개를 떨구었다. 돈만 주면 얼마든지 성을 살 수 있다는 그릇된 자본주의 사회를 배운 임씨는 결국 목숨을 걸고 찾아온 남한 땅에서 쇠고랑을 차고 경찰 신세를 지게 되는 참담한 모습을 남기고 말았다.[34]

34. "청소년 성매매 탈북자의 눈물", 〈연합뉴스〉, 2001. 9. 6.

나아가 이들 대부분이 뚜렷한 직장이나 수입이 보장되어

있지 않은 것도 남한 여성과 결혼하기 어려운 요인이 되고 있다.[35] 이전에 입국한 탈북자들의 경우 이들이 결혼하고 나서 남한 사회에 더 잘 정착하는 것을 고려해 볼 때, 남한 주민들의 이러한 인식은 탈북자의 남한 정착을 더욱 어렵게 하고 있는 것이라 하겠다. 우리가 남한 땅에 태어나고 싶어 태어난 것이 아닌 것처럼 탈북자들도 자기가 원해서 못살고 억압받는 북한에서 태어난 사람은 아무도 없다. 우리가 남한에서 사는 것은 전적으로 하나님의 은혜다. 그래서 우리는 탈북자나 북한 주민들을 멸시하고 냉대해야 할 아무런 권리를 가지고 있지 않다. 오직 우리가 그들을 위해 기도하고 주님의 마음으로 따뜻하게 대해 주어야 할 것이다.

의식 구조의 양면성

어떠한 체제를 막론하고 정치 권력을 담당한 통치자들은 자기의 통치 이념을 그 구성원들에게 내면화시켜 안정적 정치 체제를 마련하고자 많은 노력을 경주하게 되며, 그것을 통상 정치 교육이라 부른다.[36] 남북한은 분단 이후 서로의 체제를 공고히 하기 위해서 그 구성원들에게 많은 정치 교육을 시켜 왔고, 그 결과 남북한 주민은 서로 다른 의식 구조를 갖게 되었다. 남한은 자유 민주주의에 입각한 다원주의 교육을 실시하여 온 반면에 북한은 마르크스-레닌주의 및 김일성 주체 사상에 입각한 전체주의 교육을 실시하여 왔다. 그렇기 때문에 탈북자들이 자기들이 학습한 내용과 전혀 다른 남한에 와서 어려움을 겪는 것은 이미 예상된 일이라 할 수 있다. 이들이 우리 사회에 잘 적응하지 못하게

---

35. 전우택, "탈북자들의 주요 사회 배경에 따른 적응과 자아 정체성에 관한 연구", 「통일연구(제1권 2호)」(연세대학교 통일연구원, 1997), p. 150.
36. 조용관, 「중국혁명과 가정윤리」(서울 : 고려원, 1998), p. 11.

하고 있는 의식 구조를 살펴보면 다음과 같은 점들을 지적해 볼 수 있다.

첫째, 의식 구조의 양면성, 즉 이중성이다. 탈북자들은 어떤 때에는 아주 순진한 사람처럼 보이나 때로는 전혀 그렇지 못한 태도를 취하기도 한다. 필자가 탈북자들을 처음 만나면서 가장 힘들었던 것은 거짓말이었다. 더욱 힘들게 하는 것은 거짓말을 하고도 죄책감이나 양심의 가책이나 미안한 감을 전혀 느끼지 못하는 것이었다. 예를 들면 농장 세포에 불과한 자기 아버지를 북한군의 고위 장성이라고 속이거나 북한에서 결혼을 하였음에도 불구하고 총각이라고 우기거나 경공업 대학을 졸업하고 군부대에 근무하였으나 평양 냉면 집에서 근무하였다는 등 거짓말을 한다. 이들은 북한에서의 자기의 신분을 속임으로써 자기의 가치를 높이려고 하고, 그렇게 함으로써 자기가 대단한 사람임을 과시하고자 한다. 또 이들이 이렇게 하는 이면에는 남한 사람들이 자기들의 과거를 확인할 수 없다는 생각이 깔려 있기 때문이다.

남한 주민들은 처음에는 북한 사람들이 자본주의 체제에 사는 사람들과 달리 순수할 것이라고 믿고 있다가 나중에 그들의 말이 거짓말로 밝혀질 경우 허탈감에 빠지게 되는데, 이러한 경험을 몇 번하고 나면 탈북자를 가까이 하지 않으려 한다.

북한뿐만 아니라 사회주의 체제에 살고 있는 사람들의 의식 구조는 대부분 이중(二重)의 도덕적 기준, 또는 제2의 사회 의식, 이중적 사고, 분열된 인격, 또는 이중적 도덕률 등으로 특징지어진다. 이는 사람들이 공적 생활에서는 공식 규범에 순종하지만, 개인적 일에서는 전혀 다른 자기 방식의 도덕 기준을 가지고 있는 것을 의미한다.[37] 즉 사회주의 체제에서 개인들은 억압적인 체제로부터의 정치적 처벌을 피하면서 개인주의적 이익을 실현하려는 이중적 전략을 구사하고 있다는 것이다. 공적인 세계에서는 공적 원칙을 따르지만 사적인 세계에서는 개인주의를 지향하며, 공적 세계에서는 복종하지만 사적 세계에서는 비판하는 이른바 면종복배(面從腹背)인 것이다.[38]

이와 같이 이중적 의식 구조에 오랫동안 익숙해진 탈북자들은 남한 이주 후 짧은 기간의 교육을 통해 그들의 의식 구조를 바꿀 수 없는 것이다. 그래서 그들은 만나는 사람이 어떤 사람인가를 먼저 판단한 후 자기의 필요에 따라 거짓말을 하게 되는 것이다. 또 때에 따라서는 내면의 생각과 달리 그 사람이 기대하는 말을 하는 경우가 많다.

한번은 이런 일이 있었다. 1998년 8월 30일, 필자가 출석하던 교회에서 '북한선교회 헌신 예배'를 드리고 있을 때 예기치 못한 사건이 일어났다. 탈북자 일가족을 강대상 앞으로 불러 올려 소개하는 시간이 있었다. 그들의 소개가 끝나자 아이 엄마인 자매가 마이크를 달라고 해서 주었더니, 누가 시킨 것도 아닌데 자기 두 아이를 하나님이 기뻐하시는 선교사로 보내겠다고 해서 많은 성도들을 감동시켰다. 그러나 탈북자를 많이 접해 본 필자는 이 말이 진심에서 한 말이 아니라 그 순간 사람들에게 호감을 사기 위해 한 말임을 직감적

---

[37]. 서재진, 앞의 책 (1999), p. 16.
[38]. John Harsanyi, "Advances in Understanding Rational Behavior," in Jon Elster ed., Ratioal Choice (New York: New York University Press, 1986), 위의 책, p. 17 재인용.

으로 알았기 때문에 당혹스러웠다. 필자의 직감대로 그들은 교회를 떠났고, 여전히 이 교회 저 교회로 방황하고 있다.

　탈북자들은 일반적으로 상대를 잘 믿지 않는다. 북한 사회가 그들을 그렇게 만든 것이다. 서로 감시하게 만들고, 서로 고발하게 만들었기 때문에 그들의 속내를 드러내기까지는 오랜 시간이 걸린다. 그렇기 때문에 간단한 설문 조사나 면접만으로 그들 내면의 진실을 파악하기는 쉽지 않다.

공격적, 비판적 성격 구조

　탈북자들의 또 다른 성격적 특성은 공격적이고, 비판적이며, 신경질적이라는 것이다. 인간은 욕구가 채워지지 않으면 욕구 불만의 상태가 되며, 욕구 불만이 강해지면 공격적인 행동을 하게 된다. 또 공격적인 행동이 격화되면 분노와 같은 행동이 나타나며, 때려부수는 파괴적인 행동이 나타난다. 대부분의 경우 가능한 한 욕구 불만이라고 생각되는 대상이나 사람에 대하여 자기의 적대감을 공격적인 행동을 통해 직접적으로 나타내고자 한다. 그러나 다른 한편으로 욕구 불만의 원인이 되는 대상에 대하여 직접적으로 공격할 수 없는 경우에는 다른 대상인 동료와 말다툼을 하거나 싸움을 하기도 한다. 탈북자들의 말 자체가 공격적이고 그들끼리 모여도 싸움이 잦다는 것은 그들이 집단적으로 거주하는 지역 주민들에게는 이미 널리 알려진 일이다. 그들의 증언에 의하면 북한 주민들은 "쪼들리고 핍박받으니 이제는 악밖에 남은 것이 없다"는 말을 자주 한다. 북한 주민들은 짜증을 많이 내고, 말이 거칠고, 언성이 높다. 그래서 직장 동료, 친구, 이웃간에 걸핏하면 싸움을 한다는 것이다.[39] 실제 탈북자들이 집단적으로 거주하는 곳에 가 보면 별일 아닌 것 가지고도 서로 언성을 높이는 것을 볼 수 있으며, 남한 주민과의 접촉에 있어서도 공격적인 행동을 하거나 자기에게 조금만 좋지 않게 하면 즉각 비판하는 것을 볼 수 있다. 탈북자들이 모여 체제 적응 교육을 받는 하나원에서도 많은 사건이 일어나 문제가 되고 있다.

탈북자들이 이러한 성격을 갖게 된 것은 경제적 궁핍으로 인한 생활상의 어려움을 극복하지 못하여 감정의 갈등으로 발전되고 성격적 갈등으로 발전하기 때문이다. 즉, 욕구 불만은 많은데 말을 제대로 하지 못하는 상황이 주는 스트레스 때문이다. 싸움을 자주 하는 또 다른 원인은 북한 당국이 어릴 적의 탁아소 생활에서부터 성인이 된 후 직장 생활에 이르기까지 늘 자기 비판과 아울러 남을 비판하는 생활 총화를 실시하게 하여 서로를 불신하고 감시하는 생활을 늘 해 왔기 때문이다.[40] 그리고 북한의 체제 자체도 김일성과 김정일, 혹은 체제를 비판하는 것은 허용하지 않지만 김 부자 외의 당 간부를 비판하거나 주민들간의 폭행에 대해서는 어느 정도 용납하는 것으로 알려지고 있다. 즉, 주민들 상호간의 어느 정도 폭력은 인정함으로써 체제에 대한 불만을 해소하도록 하고 있는 것이다.

강한 봉건적 유교 사상 소유

또 다른 특성으로는 봉건적 유교 사상이 강하다는 것이다. 탈북자들은 어떤 면에서는 남한 주민들보다 예의가 바

---

39. 서재진, 위의 책, p. 38.
40. 위의 책, pp. 37-39. 어릴 때부터 '생활 총화'란 명목으로 상호 비판을 생활화하였기 때문에 탈북 이주자들은 상대방을 칭찬, 격려하기보다는 상호 비방을 하는 경우가 많다.

르다. 자기보다 나이가 많은 사람들을 공경하며 자리도 항상 나이 많은 사람들에게 양보하고 말도 공대한다. 자기들이 그렇게 하기 때문에 남한 사람들이 그렇게 하지 않으면 "저 사람이 나를 무시하는 것이 아닌가"라는 식으로 생각하게 된다. 특히 탈북자들은 전통적 유교 사상에 젖어 남존여비 사상이 강하다. 여자에게 하대를 하거나 집안 일을 거들지 않거나 함부로 대하는 경우가 많기 때문에 탈북 여성들은 남한 남자를 좋아한다. 남한 남자들은 친절하고 여자한테 잘해 주기 때문이다. 이러한 탈북 여성의 태도에 대해 탈북자들은 "남한 남자들은 바람둥이라 한 여자만으로 만족하지 못한다"라며 자기들과 결혼해 살아야 한다고 말한다.

탈북자들의 이러한 남존여비 사상 때문에 탈북 남성들은 남한 여성들로부터 관심을 끌지 못해 결혼도 쉽게 이루어지지 않고 있다.[41] 이 같은 남존여비 사상은 북한 소설이나 방송 등을 보아도 쉽게 알 수 있다.[42] 또 탈북자들의 이러한 성격 때문에 어렵게 결혼하고서도 성격 차이로 이혼하는 경우도 있다.

자기 정체성 결여

남한에 이주해 사는 탈북자들은 대부분 자신이 북한 사람인지 아니면 남한 사람인지에 대한 자기 정체성(identity)이 결여되어 있다. 전우택의 연구에 따르면, 남북한이 축구 시합을 하는 경우 누구를 응원하겠느냐는 질문에 양측 모두를 응원하겠다고 대답하는 사람이 가장 많았다고 밝히고 있다. 특히 이들이 남한 사회가 자신을 잘 받아 주고 있고, 자신이

41. 전우택·민성길, "탈북자들의 심리와 적응상의 문제", 이영선·전우택 편, 「탈북자의 삶 - 문제와 대책」(서울: 오름, 1996), pp. 33-34.

42. 조용관, "북한의 가정 문화 정책과 가정 윤리", 「'94 북한 및 통일연구 논문집(제Ⅱ권)」(통일원, 1994), pp. 72-74.

잘 적응하고 있다고 생각이 들면 남한에 대한 소속감이 커지지만, 직장도 가지지 못하고, 남한 사회에서 배척을 당하고 있다는 느낌이 강할수록 이들의 양가 감정적 갈등은 더 커지는 것으로 보였다.[43]

탈북자들은 남북한 관계가 좋지 않거나 남한 사람들이 자기들을 대하는 태도가 냉정할 때 자기 스스로 남한 사람이라고 생각하지 않는다. 필자는 1997년 8월 15일 북한선교회 집사들과 탈북자 등 모두 19명과 함께 경기도 화성에 있는 궁평리 해수욕장에 놀러간 적이 있었다. 아침에는 맑던 하늘이 도착할 때쯤 되어 빗방울이 떨어지기 시작했다. 그래서 같이 간 집사들이 매점 주인한테 텐트를 빌리러 갔다. 좀 싸게 빌릴 요량으로 "우리와 같이 온 탈북자들이 있는데 좀 싸게 해주세요" 했더니 가게 주인이 "당신들 정신이 있는 사람이요, 없는 사람이요? 그놈들이 동해에 잠수함 내려 보낸 놈들인데 무엇이 이뻐서 싸게 해줘요? 우린 그렇게 못해요"라며 싸게 주기는커녕 혼만 냈다. 그 순간 탈북자와 그 가족들의 얼굴색이 변하는 것을 보았다. 탈북자들이 잠수함을 보낸 것도 아닌데 남북 관계가 어려우면 그들의 마음도 어려워지는 것이다. 자기들은 그러한 체제가 싫어서 넘어왔지만 남한 주민들은 자기들 편한 대로 그들을 해석하기 때문에 탈북자들이 남한 사람이라는 정체성을 갖지 못하게 하는 것이다.

탈북자들이 남한 주민으로서의 정체성을 갖지 못하는 또 다른 이유 중의 하나는 남한 주민들과의 교류를 통하여 남한 사회를 이해하려고 하기보다는 자기들끼리 모여 정보를

---

43. 전우택, "남한에 있는 탈북자들의 심리적 갈등 구조 및 그에 대한 해결 방안", 「탈북자의 보호 및 국내 적응 개선 방안」(서울 : 통일연구원, 1999), pp. 53-54.

교환하기 때문이다. 남한 사람들은 자기들을 무시하고 멸시하며 기피하고 상처를 주지만, 자기들끼리는 서로 잘 알기 때문에 골치 아픈 남한 사람과 교제하기보다는 같은 생각을 가진 북한 사람들끼리 잘 모인다. 그것이 마음이 편하기 때문이다.[44]

또 탈북자들은 영어나 외래어, 한자를 모르기 때문에 남한 사회를 이해하는 데 필요한 정보를 주로 TV, 영화, 비디오나 자기 개인들이 가지고 있는 정보를 통해서 알게 된다. 얼마 전 TV에 출연한 탈북자가 남한의 젊은 사람들은 한두 번 만나면 러브호텔에 간다고 해서 사회자 및 시청자들을 당황케 한 적이 있다. 이는 그들이 남한 사회를 얼마나 피상적으로 이해하고 있는지를 잘 보여주는 사건이었다. 따라서 탈북자들이 남한 주민으로서의 정체성을 갖도록 하기 위해서는 정책적인 지원도 있어야 하겠지만, 그들의 고민을 함께 이해하며 해결해 줄 참다운 이웃이 필요하다. 그렇게 될 때 그들은 우리 사회의 이방인이 아니라 '우리와 같은 국민'의 한 사람으로 살아갈 수 있을 것이다.

44. 조용관, 앞의 논문 (1998), p. 12.

4. 탈북자 선교의 구체적 방안

최근 탈북자 수가 급증하고 이들의 사회 부적응이 사회적 문제로 떠오르게 되자, 이들을 돕고자 하는 NGO들이 생겨나고 있다. 그러나 순수한 마음으로 그들을 돕고자 하는 자원 봉사자들은 생각지 않은 많은 어려움을 겪게 되었다. 그들이 겪는 가장 큰 어려움은 자신들이 만나 본 탈북자들이 생각했던 사람들과 전혀 다른 사람들이기 때문에 어떻게 그들에게 접근해야 하는지를 모르게 돼 버린 것이었다. 그래서 급기야는 〈북한이탈주민 이해와 자원 봉사〉라는 안내서까지 만들어졌다.[45]

45. 윤인진, 앞의 논문.

현재 시민 단체(NGO)의 자원 봉사자들이 겪고 있는 이러한 어려움을 하나님은 이미 7년 전에 필자로 하여금 경험케 하셨다. 원래 필자는 북한선교에 특별한 관심을 가지고 있지는 않았다. 그러나 주님은 1996년 초부터 지금까지 여러 부류의 많은 탈북자들을 만나게 했고, 고민하게 하셨다. 중간에 그만 두려고 해도 그만 둘 수 없게 했고, 결국 탈북자 선교를 통하여 북한선교의 길로 인도하셨다.

여기서는 필자가 그 동안 많은 탈북자들과의 교제를 통해 얻은 경험들을 소개하고자 한다. 물론 필자가 경험한 방법이 가장 좋은 방법이라고 생각하지는 않는다. 다만 필자의 경험을 소개함으로써 교회 내에서 탈북자 선교를 하는 분이나, 중국이나 북한을 통해서 북한선교를 하고자 하는 분들이 필자가 경험했던 것과 같은 실패를 되풀이하지 말았으면

하는 바람이다. 학문의 세계에서 선행의 연구가 후학자들에게 많은 도움을 주는 것처럼 선교 사역도 마찬가지라 생각된다. 서로의 실패담을 나눔으로써 서로의 부족함을 채워 나갈 수 있기 때문이다.

주님의 사랑으로 그들을 섬겨라

탈북자들을 처음 대하게 되면 무엇인가 눌려 있다는 생각이 많이 든다. 다시 말해서 그들을 누르고 있는 영이 있음을 느낄 수 있다. 무슨 질문을 하거나 하면 마치 상사에게 대하듯 일어서서 말을 하거나 물건을 줄 때에도 두 손으로 주고는 한다. 그리고 남한 사람들의 눈에 비친 그들의 모습은 초라하기 그지없다.

한번은 대성공사에서 막 나온 탈북자 일가족을 데리고 중국 식당에 간 적이 있다. 탕수육을 시켰으나 고기를 먹어 본 적이 없어 먹지 못하는 것을 보았다. 또 그들이 사는 집에 가서 식사하는 것을 본 적이 있다. 참으로 기가 막힐 지경의 식단이었다. 필자가 동사무소나 교회에서 보조금이 나오는데 왜 이렇게 먹느냐고 물었을 때, 그들은 "선생님, 북한에서는 이렇게도 못 먹었습니다"라고 대답하였다. 탈북자들의 이러한 모습을 보고 때로는 분노가 치밀어 올라왔다. 저들도 우리가 똑같은 하나님의 형상으로 지음 받은 존귀한 자들인데 누가 저들을 저렇게 만들었는가? 얼마나 피폐한 삶을 살았으면 저러한가라는 생각이 든 적이 한두 번이 아니다.

그러나 대부분의 남한 사람들은 저들의 그러한 삶을 잘 이해하지 못하고 있으며, 믿는 자나 믿지 않는 자나 모두 저들을 멸시하고 냉대한다. 오죽하면 저들이 북한을 탈출하여 남한에 오는 것보다 남한에 적응하는 것이 힘들어 이민을 가려고 하겠는가? 하나님께서는 남한도 사랑하지만 북한도 똑같이 사랑하신다. 그러면 우리도 북한을 사랑해야 마땅한 것이다. 우리 믿는 자들이 외모를 보고 북한 사람을 판단하고 멀리한다는 것은 주님의 사랑이 우리 안에 없다는 것과 같다. 비록 그들이 때로는 우리 마음에 들지 않고 외모도 볼품이 없지만 주님께서 우리를 조건없이 사랑하신 것처럼, 인내를 가지고 종된 마음으로 그들을 섬길 때 그들이 변화될 것이다.

서둘러 복음을 전하지 말라

탈북자들이 교회에 나오면 처음에는 담임 목사부터 장로, 집사에 이르기까지 많은 성도들이 관심을 가진다. 그래서 탈북자들은 매우 좋아한다. 그런데 문제는 처음 나온 사람한테 하나님, 예수님을 가르치려고 하는 경우, 대부분 실패하고 만다는 데에 있다. 탈북자들은 북한에서 성경과 아주 유사한 김일성 주체 사상의 이야기를 들어 왔기 때문에 지긋지긋한 사상 교양 이야기를 들으려 하지 않는다. 탈북자중 한 형제는 "집사님, 제가 홍콩에 있을 때 찬양을 듣고 놀랐어요! 북한에서 김일성 주석 찬양하는 노래를 교회에서 부르고 있더라고요." 그 형제가 말한 찬양은 "아름다운 이야기가 있네. 구세주의 사랑 이야기"라는 주일학교에서 많이 부르는 노래 가사인데, 북한에서는 "아름다운 이야기가 있네 주석님의 사랑 이야기"로 부르고 있다는 것이다.

1부에서 살펴본 것처럼, 북한의 통치 행위의 많은 부분이 기독교와 유사한 면이 많다. 그러한 사실을 모르고 만나자마자 복음을 전하는 것은 다음부터 만나지 말자는 말과 같다. 그래서 필자는 처음 탈북자들을 만나면 남한에 살면서 어려운 점이 무엇인가, 도와줄 일이 없는가 등등 신변잡기에 대해 관심을 기울인다. 그렇게 하여 자주 만나게 되면 복음을 전하기 시작한다.

지난 봄에 결혼한 한 형제가 있다. 다른 탈북 형제가 그를 처음 교회에 데리고 나왔을 때, 처음에는 말붙이기도 힘들었다. 그래서 집을 배당 받았는지, 직장이 있는지 등을 물었고 복음에 대해서는 이야기하지 않았다. 그러던 그가 계속해서 교회를 나오다가 하루는 자기가 식사를 대접하겠다고 해서 식당에 갔다. 그때 그가 "저의 양아버지는 스님입니다. 그래서 제가 하나원에 있을 때 교회에 다니라고 그렇게 장로님과 목사님이 권했지만 안 나갔어요. 그런데요, 조 집사님은 교회에 처음 나왔는데도 하나님 믿으라는 말을 안 해서 계속 나오게 되었어요"라고 말했다.

그 후 얼마 안되어 그 형제한테 또 전화가 왔다. "교수님! 제가 사귀는 여자가 있는데 교수님께 제일 먼저 보여 드리고 싶어요"라는 말에 그 두 사람을 우리 집으로 초대하여 식사를 같이 하였다. 신부 될 자매는 믿음이 좋은 직장 여성이었다. 그때 그 형제는 자기가 요즘 탈북 친구들에게 전도하고 있다며 나에게 자랑하였다. 그들은 지금 행복한 보금자리를 마련하여 잘 살고 있다. 그날 그들을 보내고 아내와 나는 하나님께 감사드렸다. 부모 형제를 두고 온 탈북 형제가 약혼자가 생기자 제일 먼저 나에게 데리고 온 것은 우리를 같은 형제로 생각하는 것으로 여겨져서 그 동안 힘들었던 탈북자 선교에 주님이 위로해 주심에 감사드렸다. 인내를 하고 그들을 섬길 때, 때가 되면 그들도 우리처럼 변하는 것이다.

넓은 마음으로 포용하라

남한 사람들이 탈북자들을 만나게 되면 성격이 너무 다르기 때문에 서로 이해하기가 쉽지 않다. 탈북자들이 자기의 과거를 과장해서 말하든지 없는 사실을 만들어 말하는 것 등이 남한 사람들을 당황스럽게 만든다. 그리고 약속을 해 놓고 지키지 않거나 자기 편한 대로 바꾸어 버리는 것도 그러하다. 이러한 것들이 반복되면 남한 사람들은 대부분 그들을 가까이 하려고 하지 않는다.

하지만 북한 사회에 대해 조그만 지식만 있어도 그들의 행동 양식을 이해하게 된다. 필자도 처음에는 많이 당황했다. 그렇다고 거짓말한 탈북자를 보고 왜 거짓말하느냐고 물어 보지는 않았다. 그렇게 하게 되면 그들은 교회에 나오지 않을 것이고, 그것은 곧 그들과의 접촉점을 잃어버리는 일이기 때문이다. 접촉점을 잃어버리면 전도를 할 수 없다. 그래서 그들이 거짓말을 해도 속아 주었다. 계속해서 속아 주고 인내할 때, 그들은 진실된 모습을 보여주었다. 약속을 지키지 않는다고 화를 낼 필요가 없다. 탈북자 대부분이 북한에서 자기 전화를 가져 본 적도 사용해 본 적도 없으며, 철저하게 약속을 지킬 만큼 시간에 얽매여 살아 본 사람들도 아니다. 그런 사람들을 우리의 잣대를 가지고 평가하니 서로 맞을 리가 없는 것이다. 그래서 북한선교를 하기 위해서는 집 나간 탕자를 기다리는 주님의 마음으로 그들을 품어야 한다. 그렇지 않고서는 고통의 멍에 속에서 살아온 그들의 마음을 열기 어렵다.

삶을 나누어라

홍성건 목사는 「하나님의 성품에 참여하는 사람」이라는 책에서 하나님에 대해서(about) 아는 것과 하나님 그분 자신(He Himself)을 아는 것과는 실제 엄청난 차이가 있다고 했다. 우리가 누구를 '안다'는 것은 인격적인 앎, 즉 체험적인 앎을 의미하며, 이는 그 사람의 외적 조건에 '대해서' 아는 것만 아니라 그 사람과 인격적으로 교제하면서 마음을 나누고 그럼으로써 그를 깊이 이해하게 되는 것을 의미한다고 말했다.[46] 이는 하나님 그분과 인격적인 교제를 나눔으로써 하나님을 깊이 이해하게 된다는 것을 의미하는 것이라 하겠다. 탈북자 선교에서도 마찬가지라 생각된다. 탈북자들에 대한 막연한 생각들은 그들을 전도하는 데 도리어 방해만 될 뿐이다. 그들에 대한 정확하고 깊이 있는 이해가 필요하다. 어떤 사람을 알기 위해서는 그 사람과 깊은 교제를 나누는 것이 필요하다.

필자는 탈북자들과 비교적 오랜 시간을 같이 보냈다. 많

46. 홍성건, 「하나님의 성품에 참여하는 사람」(서울 : 예수전도단, 1999), p. 17.

은 탈북자들이 집에 와서 식사를 하였고, 같이 야유회, 축구 시합, 목욕, 쇼핑, 바자회 등을 통해 삶을 나누었다. 탈북자들과 함께 처음 목욕하러 갔을 때 갑자기 같이 간 탈북 형제가 쓰레기통을 뒤지더니 면도기를 주워 왔다. 필자가 "창피하게 왜 그런 것을 주워 와요?"라고 묻자 그 형제가 "남한 사람들은 정신이 썩었어요. 멀쩡한 면도기를 한 번 쓰고 버리다니" 하고 말해서 오히려 부끄러웠다. 그래서 그 다음부터 탈북 형제들이 면도기를 주워 오면 아무 말 없이 그냥 같이 쓰고 등도 밀어 주곤 한다. 그렇게 하는 동안 그들과 친해져서 이제는 친형제처럼 지내며 이제는 우리집 아이들도 그들을 삼촌처럼 생각한다.

한번은 밤 늦은 시간에 전화가 왔다. 나를 가장 힘들게 했던 탈북 형제 중 한 명인 조필호 형제였다.

"집사님, 주무세요?"

그 때 시간을 보니 새벽 1시 반이었다.

"왜 무슨 일이 있어요?"라고 물었더니 "제가요, 강연 갔다가 오는 길에 고속도로 휴게실에서 백화점에 납품하는 횟거리 두 박스를 팔기에 집사님 드리려고 샀어요. 교회에 가져가면 냉장고가 없어서 상할까봐 그냥 지금 드리려고 전화했어요"라는 것이었다.

전화를 끊고 난 후 곧 그 형제가 아이스박스에 담긴 생선을 가지고 왔다. 저녁은 먹었느냐고 물어 봤더니 안 먹었다고 해서 저녁을 차려 주었다. 그 때 시간이 새벽 2시였다. 그 형제를 보내고 잠자리에 누웠을 때 나도 모르게 두 눈에서 눈물이 흘렀다. 북한에서 꽃제비로 살다가 큰 도둑이 되어 어쩔 수 없이 탈북하여 남한으로 온 그 형제는 참으로 나의 속을 많이 썩였다. 불쌍한 탈북자 김용화[47] 형제를 구하기 위하여 일본으로 밀항시켜 구속되어 목포까지 갔다 온 일이며, 억지로 성경 공부를 시키려고 노력했던 일들이 주마등처럼 스쳐갔다. 이 형제는 2000년 예수전도단 BEDTS를 받고 완전히 변화되어 주위를 놀라게 하였다. 지금은 신학교를 다니며 열심히 기도하고 성경과 신앙 서적을 읽으면서 탈북자들에게 복음을 증거하고 있다.

결국 탈북자 선교는 그들과 오랫동안 삶을 나누면서 인격적인 교제를 통해 이루어지는 것이며, 그 다음 성령께서 그들의 마음을 열도록 기다리는 것이다.

가르치려 하지 말고 배우려고 하라

오대원 목사는 "내가 모든 사람에게 자유하였으나 스스로 모든 사람에게 종이 된 것은 더 많은 사람을 얻고자 함이라"는 고린도전서 9장의 말씀을 인용하면서 종 된 크리스천의 마음을 표현하고 있다. 그는 종에게는 권리가 없으며 다른 사람을 판단할 권리도 없다고 말한다. "어느 하나님의 종이 자신의 삶을 스스로 지배할 수 있으며, 더구나 그리로 부르심을 입은 그 땅의 사람들을 위해 예수님의 이름으로 하는 일을 어떻게 마음대로 할 수 있는가?"라고 반문하면서, "북한 사람들의 아래로 들어가라. 가장 작은 자부터 큰 자까지 그들은 모두 하나님의 백성이다. 그들에게 배우라. 그들의 큰 고통을 이해하려고 노력하고 고통 속에 들어가라"고 말

47. 김용화 형제는 탈북자임에도 불구하고 중국 공민증을 가지고 있어 중국으로 추방될 위기에 처했는데, 1998년 5월 조필호 형제가 그를 구하기 위해 배를 주선하여 일본으로 밀항시킨 사건이다. 이 사건 이후 조필호 형제는 목포 해양경찰서에 자수하여 목포 교도소에 잠시 수감되어 있기도 했다. 많은 성도들의 탄원서와 기도로 얼마 후 석방되었다. 그 후 김용화 형제는 일본 천주교 인권 회의의 탄원에 힘입어 최근 한국으로 입국하여 한국 국적을 취득하였다.

하고 있다.[48] 오 목사의 이 고백은 한평생을 한국 선교를 위해 헌신하면서 느낀 귀중한 고백이라 생각된다.

필자는 처음에 탈북자들을 내가 가지고 있는 조그마한 지식으로 가르치려고 했다. 가르치려고 하는 나의 자세는 종의 자세가 아니라 우월자, 정복자의 자세였다. 그래서 그들이 내 마음으로 움직여 주지 않거나 약속을 지키지 않을 때 분노가 치밀어 올라왔다. 그러나 어느 날 주님이 그들을 가르치려고 하지 말고 그들에게 배우라는 가르침을 주셨다. 그렇게 생각을 바꾸고 나니 훨씬 마음이 편했다. 때로는 그들이 교회에 오지 않아도 오늘은 바쁜 일이 있어서 못 나오는가 보라고 생각하고 우리끼리 기도하고 헤어졌다. 또 한 가지 유념해야 할 것은 북한 주민의 가치관이나 도덕은 모두 나쁘고 우리 것만 좋다는 생각은 버려야 한다. 북한 주민들이 가지고 있는 가치관이나 도덕률 중 공동체 의식이나 예절 등 긍정적인 것은 우리가 받아들여야 할 것이다. 다시 말해서 양 체제 중 서로 좋은 가치관이나 도덕률은 권장하고, 그렇지 못한 것은 수정해 나가는 자세를 가져야 할 것이다. 앞에서 언급한 바 있지만 탈북자들은 주님이 우리가 북한 선교를 할 수 있나 없나를 테스트하기 보내신 시금석인 것이다.

우리는 북한 주민을 이해하기 위해서 굳이 힘들게 북한에 갈 필요가 없다. 또 현재 상황에 갈 수도 없다. 그러나 국내에 있는 탈북자들을 통해 북한 주민들을 이해할 수 있다. 선교 사역에 있어 그 나라의 문화를 알지 못하면 많은 대가를 치러야 한다. 그 대표적인 예가 일본이다.

48. 오대원, 「두려움의 집에서 사랑의 집으로」(서울 : 예수전도단, 2002), pp. 69-73.

일본선교는 1549년 포르투갈 예수회 소속 프란시스 사비예르 신부가 선교를 위해 가고시마에 첫발을 디딤으로 시작되었다. 그는 일반 서민에게 파고들어 전도한 것이 아니라 우선 군주나 귀족에게 접근하여 이들을 개종시키고 이들의 정치적 영향력을 이용하여 일반인들을 전도하였다. 당시 그는 43세였으나 불교 승려들의 방해로 2년만에 갈색 머리가 하얗게 세고 말았다. 그의 피나는 노력 결과 1천 명의 일본 신자에게 세례를 주게 되었고, 본국에 보내는 보고서에 일본은 선교 가능성이 대단히 높은 곳이라고 평가하였다. 그리고 나중에는 신자가 30만 명으로까지 확산되었다. 350년 전에 30만이나 되던 일본 기독교의 오늘의 교세는 어떠한가? 사비예르 신부가 일본을 오판한 것은 일본 문화를 제대로 이해하지 못했기 때문이다. 그가 8세기 일본의 시가를 모은 「만요슈」(萬葉集)를 조금만 해독할 수 있었더라면 일본인의 개종에 대해 그렇게 낙관적인 결론을 성급하게 내리지 않았을 것이다.[49] 우리도 사비예르 신부와 같은 우를 범하지 않기 위해서는 오 목사의 지적처럼 종의 자세로 탈북자들에게 들어가 그들에게 배워야 할 것이다.

49. 서현섭, 「일본은 있다」(서울 : 고려원, 1995), pp. 74-78.

그들과 만날 기회를 가져라

북한선교를 하면서 필자는 종종 한국 사람들은 추상적으로 선교 준비를 하고, 외국 사람들은 실제적이고 구체적으로 준비한다는 느낌을 받는다. 필자가 작년에 오대원 목사 초청으로 〈북한연구학교〉에 강의하러 가서 놀란 것은, 외국인들이 북한 선교사로 가기 위해 구체적으로 준비하고 있다는 사실이었다. 이에 반해 한국의 어느 교회를 막론하고 북한선교를 부르짖지 않는 교회가 없지만 구체적이고 실제적으로 준비하고 있는 교회는 별로 없는 것 같다. 북한교회 재건을 위해 많은 기도를 하지만 과연 북한 주민들의 마음을 얼마나 이해하고 있으며, 또 그들을 향한 하나님의 마음을 얼마나 이해하고 있는지 모르겠다.

필자는 신학자도 목회자도 아닌 평신도에 불과하지만 선교는 구체적이고 실제적이어야 한다고 생각한다. 북한선교를 하려면 북한을 위해 중보기도하고, 또 중국에 가서 탈북자들을 만나든지, 아니면 남한에 와 있는 탈북자들을 만나든지 접촉점을 만들어야 한다고 생각한다.

남한에 와 있는 탈북자들은 외롭고 쓸쓸하다. 찾아오는 사람도 없고 특별히 갈 곳도 없다. 교회나 복지 단체 등에서도 명절이나 연말 연시에 불러다가 식사를 제공하면서 돈 몇 푼과 선물을 주고 나면 그것으로 끝이라고 여긴다. 이것은 어떤 의미에서 주는 자의 자기 만족일 뿐이지 탈북자들은 그들이 생각하는 만큼 고마워하지 않는다. 또 이것은 어떤 면에서 탈북자들의 자존심만 건드리는 것에 불과하다. 그들은 못 살지만 대단히 자존심이 강하다. 그래도 주체 조선에서 살아온 사람들이다.

그래서 북한선교를 하겠다는 사람들은 그들을 먼저 찾아가야 한다. 필자는 시간이 날 때마다 그들에게 전화를 한다. 그러면 그들이 얼마나 반가워하는지 모른다. 또 시간이 나면 집으로 초대하든지, 그들에게 부담을 주지 않기 위해서 함께 섬기는 집사들과 먹을 것을 사 들고 심방을 간다. 사고가 나면 병원을 찾아가고 바자회를 열어 가족을 데리고 오는 비용을 마련하기도 하였다. 오랜 시간 그렇게 함께 지내니 그들은 우리를 남한 사람이 아니라 자기들의 친구로 생각하는 것 같았다. 앉아서 기도만 하지 말고 찾아가 교제하는 적극성을 보여야 한다. 주님께서 사마리아 여인을 찾아간 것처럼 그들을 찾아가야 할 것이다.

다양한 방법으로 양육하라

서로가 신뢰할 만한 단계에 이르면 일대일 양육을 하든지 아니면 교회 성경 프로그램에 참여하도록 이끄는 것이 좋다. 이 때도 혼자 참석하게 하는 것보다 양육자가 함께하는 것이 효과적이다. 처음 온 탈북자를 순복음교회의 〈선한 사람들〉에서 운영하는 〈굿피플대학〉에 입학시키는 것도 좋은 방법이다. 〈굿피플대학〉은 많은 비용을 들여 탈북자들의 남한 정착에 필요한 프로그램들을 개발, 운영하고 있다. 필자의 경험으로는 성경에 대해 기초 지식이 있는 탈북자들은 예수전도단의 DTS에 보내는 것도 좋은 방법이었다. 많은 정신과 전문의들이 탈북자들은 정신적 치료를 받지 않으면 정상적인 생활을 하기 힘들다고 지적하고 있다.[50] 필자도 전적으로 이에 동감한다. 그래서 교계에서 탈북자들을 대상으로 한 내적 치유 프로그램의 개발이 시급하다고 생각되며, 이는 장차 통일이 되었을 때 2천만 북한 동포들에게도 적용되어야 할 것이다. 또한 자주 만나지 못하는 경우 신앙 수준

50. 이영선 · 전우택, 「탈북자의 삶」(서울 : 오름, 1996), pp. 102-103.

에 맞는 신앙 서적을 읽도록 함으로써 계속해서 믿음이 성장할 수 있도록 이끌어 주면 좋을 것이다.

기독 실업인들이 먼저 그들을 고용해야 한다

탈북자들의 실업률은 공식적으로 50%에 가까우나 실제는 이보다 훨씬 높다고 생각된다. 실업률이 높은 이유는 앞서 이미 밝힌 바 있다. 경제 논리로만 따지면 그들이 이 땅에 설 곳은 없다. 자본의 논리와 이윤의 논리만으로는 그들이 남한 사람과 경쟁에서 살아 남기 어렵다. 그러나 같은 민족이라는 측면에서 보면, 그들은 이 땅에서 함께 살아가야 할 사람들이다. 그들에게 좀 부족하고 모자라는 점이 있더라도 더불어 안고 살아가야 할 존재들인 것이다.

우리의 집안에 형제가 여럿 있으면 그 중에는 많이 배운 사람, 못 배운 사람이 있을 수 있고, 잘사는 형제가 있고 못사는 형제도 있을 수 있다. 그렇지만 형제간에 조금 더 배웠다고 자랑하고 조금 못산다고 멸시하지는 않는다. 마찬가지로 탈북자들은 우리와 피를 나눈 형제요 자매다. 좀 부족한 부분이 있더라도 그들을 감싸안아야 할 것이다. 그들은 우리보다 훨씬 더 많은 상처를 가진 사람들이다. 먹지 못해 자식을 버리는 사회, 사람을 사람답게 취급하지 않는 사회에서 멸시와 천대를 받았던 사람들이며, 한 번도 하나님의 사랑을 체험해 보지 못한 사람들이다.

대부분의 일반 기업체에서는 그들을 고용하려고 하지 않는다. 그 이유는 여러 가지가 있지만 경제성이 없다는 이유 때문이다. 그러나 하나님 나라의 경제는 세상의 경제와 다르다. 기독 실업인들이 그들을 고용하여 잘 양육하면 통일이 되었을 때, 그들이 그 기업에 많은 것을 가져다 줄 것이다. 다시 말해서 기독 실업인들이 기업의 통일 비용을 미리 탈북자들에게 투자하라는 말이다. 장애인을 고용하는 것처럼 그들에게 자활 공동체를 마련해 주어 탈북자 고용 창출 효과를 가져오게 하면, 그들이 우리 사회에 더욱 잘 정착하게 될 것이다.

탈북자 문제를 전담하는 전문 상담소를 운영해야 한다

탈북자 선교를 하면서 느끼는 것은 그들을 돕고자 하는 실제적인 연합체 같은 것이 없다는 점이다. 각 교회가 자기 식대로 접근을 하니 서로의 경험을 나눌 수 없고, 그렇게 하다 보니 탈북자들은 교회를 떠나고 만다. 이에 반해 시민 단체에서는 다양한 프로그램을 개발하여 그들을 돕고 있다. 방학 동안이면 탈북자 어린이들이나 청소년을 위한 학교를 열어 그들을 가르치고 있다. 그래서 많은 선교사들이 힘들게 데리고 온 탈북자들을 시민 단체 NGO에게 빼앗기고 있다.

다소 늦은 감이 있지만 이제부터라도 교회들이 연합하여 탈북자를 어떻게 품어야 할 것인지를 진지하게 검토해 보아야 할 것이다. 필자는 그들을 위한 상담소 개설과 휴게실 같은 공간을 운영하는 것이 필요하다고 본다. 그들의 모든 문제를 전문적으로 상담해 주고, 아픔을 함께 나누며, 또 편히 쉴 수 있는 문화 공간 같은 것이 있으면 좋겠다.

앞으로 통일의 문이 열리면 남한 사람 백 명보다는 믿음으로 무장된 탈북자 한 사람이 북한 주민들에게 복음을 전하는 것이 보다 효과적일 것이다. 우리가 탈북자 선교에 관심을 쏟아야 하는 이유가 바로 여기에 있는 것이다. 피선교지의 문화를 모르면 전도나 선교를 하기가 쉽지 않다. 우리가 북한을 너무 잘 알고 있는 것처럼 생각하는 데 북한선교의 함정이 있는 것이다. 이것이 사탄의 전략일 수 있다. 이러한 착각을 깨기 위한 가장 좋은 방법은 북한에서 온 사람들과의 접촉점을 넓혀 나가는 길이다.

북한선교의 길은 쉽지 않다. 가서 할 수도 없고, 포기할 수도 없고, 좋아하지도 않는 탈북자를 만나기도 싫다. 플로이드 맥클랑은 「내가 좋아하지 않는 사람 사랑하기」란 책에서 "우리가 좋아하지 않는 사람을 사랑하는 것은 인생의 가장 큰 도전 가운데 하나입니다. 그러기 위해서는 보통 이상의 동기와 우리들 자신 외부의 도움이 필요합니다. 나에게 있어서 내가 가장 좋아하지 않는 사람을 사랑하기 위한 가장 큰 동기는 나를 향한 하나님의 사랑입니다"라고 이야기한 바 있다.[51]

그렇다. 우리의 의지로 그들을 사랑하기란 쉽지 않다. 그러나 주님의 눈으로 보면 우리나 그들이나 무슨 차이가 있겠는가? 주님은 요한복음 13장 35절에서 "너희가 서로 사랑하면 이로써 모든 사람이 너희가 내 제자인 줄 알리라"고 하셨다. 또 요한일서 4장 11절에 "사랑하는 자들아 하나님이 이같이 우리를 사랑하셨은즉 우리도 서로 사랑하는 것이 마땅하도다"라고 말씀하고 계신다. 하나님의 사랑에는 어떠한

51. 플로이드 맥클랑, 「내가 좋아하지 않는 사람 사랑하기」 (서울 : 예수전도단, 1998), p. 30.

조건이 없다. 비록 우리가 인간적으로 가까이 하고 싶지 않다고 하더라도 주님의 제자의 길을 걷고자 하는 우리 믿음의 식구들은 주님의 마음을 품고 그들을 향해 나아가야 할 것이다. 그리고 그들이 우리를 통해 죄에서 해방되고 고통의 멍에서 해방되어 하나님의 말씀과 성령으로 변화되었을 때 놀라운 역사가 일어 날 것이다. 그들이 복음을 들고 북한 땅에 가서 내가 만난 하나님은 이런 분이며, 나의 삶을 이렇게 바꾸어 놓으셨다고 외칠 때, 그 복음의 메시지를 듣는 북한 젊은이들이 세계 열방을 향해 나아갈 것을 상상해 보라. 이 얼마나 가슴 벅찬 일인가. 이를 보고 계실 주님의 얼굴을 생각해 보라. 주님, 그 날이 속히 오게 하소서. 할렐루야!

안디옥 선교훈련원(AIIM : Antioch Institute for International Ministries)은 국제 예수전도단(YWAM)의 사역 중의 하나로, 외국에 사는 한국인들(주로 1.5세와 2세)을 대상으로 훈련하고 양육하여 세계 선교의 일꾼으로 배출하는 선교 훈련 기관이다. 오대원(David E. Ross) 목사가 1985년에 한국을 떠나 미국으로 건너간 직후 설립하여, 현재까지 미국과 캐나다를 기점으로 재외 한국인을 위한 사역과 여러 스쿨이 진행되고 있다.

북한연구학교(NKSS : North Korea Study School)는 AIIM의 북한을 위한 사역의 한 부분으로, 2년마다 열리고 있다. 이 학교는 3개월 과정이고, 열방대학(U of N)에 등록되어 있어서 학점 이수가 가능하다. 설립 목적은 북한에 관해 연구하고, 중보기도하고, 정보를 수집함으로써 장차 북한의 문이 열렸을 때 북한에서 전개될 사역을 계획하고 선교 전략을 개발하는 것이다.

북한선교연구원(NKMI : North Korea Mission Institute)은 시애틀 안디옥 선교훈련원(AIIM) 오대원 목사와 조용관 박사가 북한선교 활동을 보다 효과적으로 하기 위하여 지난 2001년 12월 1일 설립한 한국 예수전도단 내 북한선교 전문 연구 기관이다.

안디옥 선교훈련원 · 북한연구학교

AIIM CANADA
P.O. BOX 50040 SOUTH SLOPE PRO BURNABY,
B.C V5J 5G3 CANADA
TEL : 604-434-7254 / FAX : 604-434-7216
E-mail : aiim@compuserve.com

AIIM USA
P.O. BOX 778 MONROE.WA 98272-0778 U.S.A
TEL : 360-794-6043 / FAX : 360-794-1997

북한선교연구원

Tel : 031-284-6525 / E-mail : cyk6525@chollian.net
http : //www.freechal.com/nkss

북한 한 걸음 다가서기

지은이   조용관 · 김병로

2002년 8월 3일 1판 1쇄 펴냄
2012년 8월 27일 1판 7쇄 펴냄

펴낸이   이창기
펴낸곳   도서출판 예수전도단
출판 등록 1989년 2월 24일(제2-761호)
주소   경기도 고양시 일산동구 백석동 1329 성지 밀레니엄리젠시 301호
전화   031-901-9812 · **팩스** 031-901-9851
전자우편   publ@ywam.co.kr
홈페이지   www.ywam.co.kr

조판출력   소다프린트
인쇄   서정문화인쇄사
주문   **전화** 031-908-9987 · **팩스** 031-908-9986

ISBN 89-5536-125-4
책값은 뒤표지에 있습니다.

본 저작물의 한국어판 소유권은 도서출판 예수전도단에 있습니다.
잘못된 책은 바꾸어 드립니다.